シーザー流 ビジネスの闘い方

Fight the way in business.

Caesar Takeshi

シュートボクシング創始者
シーザー武志

文芸社

はじめに

私が一九八五年に**シュートボクシング協会**を設立してから三十年が経った。長い年月ではあるが、あっという間に過ぎ去ったという印象がある。多くの人に支えられて今があるわけだが、若いころは、まさか自分で格闘技団体を設立し、それを率いる人生を歩むとは夢にも思っていなかった。

一九五五年八月十七日、私は山口県長門市の仙崎という小さな港町で生まれた。広い海と高い空、豊かな緑のある土地で、目をつむれば、自然に囲まれた風景が脳裏に浮かぶ。

父はとび職人だったが、工事現場で転落事故に遭って仕事をやめ、私の幼少期から家にいた。兄と姉を加えた五人家族を支えたのは、リヤカーを引いて魚の行商をしていた母だった。家は貧乏で食うことだけで精一杯の状況ではあったが、それでも私は家族と一緒にいる時間がとても好きだった。だから私はガキ大将ながら、できるだけ親に負担をかけないように気を使って毎日を過ごしていた。

ところが、**私が十歳のとき、生活が暗転する。なんの前触れもなく、母が家を出ていってしまったのだ。**何も言い残さず、置き手紙すらなかった。今にして思えば、身を削るように毎日働き、家計を支えながら家族の面倒をみるという苦しい日々に耐えきれなかったのだろう。

しばらくして、八歳上の兄が就職のため東京に行ってしまった。続いて、父と喧嘩が絶えなかった姉が母を頼って家を出てしまった。

さらには、病状の悪化した高齢の父が入院しなければならなくなった。そのため、**私は小学生にもかかわらず、一人暮らしを強いられることになったのだ。**

親戚は誰も助けてはくれなかった。あまりの寂しさに打ちひしがれ、「なんで自分だけがこんな目に遭わなければいけないんだ」と両親を激しく恨《うら》み、自分の運命を呪《のろ》った。**とてもつらい少年時代だったが、この時期に育まれ、その後の人**

生に役に立ったものといえば「ハングリー精神」だろう。いつか人生を変えてやる、いつかみんなを見返してやるんだ、と。

その後、姉と再会し、母とも連絡が取れて、共に生活できるようになったものの、一度すさんでしまった心を修復するのは難しく、荒れに荒れた。ケンカ三昧の日々、警察のやっかいになるなどして高校を中退してしまった。

そんなときに出会ったのがキックボクシングだった。

腕っぷしに自信があったこともあるが、**何より自分の努力次第で結果が変わる、責任がすべて自分にかかってくる奥深いシンプルさに魅了されたのだ。**

キックボクシングに人生をかけ、最終的にはチャンピオンにもなった。頑張り抜いた人にしか見ることのできない心地よい風景を見ることもできた。

しかし、キャリアを重ねていくうちに、ある不満が心の中に渦巻いてきた。当時のキックボクシング界は、運営する人たちが資金のあるところに群がっては離れるということを繰り返す不安定な状況にあった。選手からすれば、刻一刻と変化する環境では落ち着くはずがないし、ベストなパフォーマンスを見せることもできない。

自らの利益ばかりを優先する主催者に嫌気が差し、キックボクシングに対する情熱も消えつつあった。しかし一方で、自分が本当にやりたい格闘技は何か、ということに興味を抱くようになっていった。

そんな折、プロレス界から離れた初代タイガーマスクの佐山聡からキックを教えてほしいという依頼を受け、彼のジムに教えに行っていた。そこに、前田日明や山崎一夫、高田延彦もいて一緒に練習したが、**何より大きかったのは「プロレスの神様」と言われたカール・ゴッチさんとの出会い**だった。おそらくゴッチさんとの出会いがなければ、シュートボクシングという競技は生まれていなかったといっても過言ではない。

私はゴッチさんから、世界にはキックボクシング以外にもフランスのサバット、韓国のテコンドー、中国の散打などさまざまな立ち技格闘技があることを教えてもらった。それをヒントに書物を読みあさり、**「打つ」「蹴る」「前への投げ技（現在は禁止）」といった当時のキックボクシングのルールに、「後ろへの投げ**

技」「関節技」の要素を加え、よりダイナミックな立ち技格闘技を考え出した。

こうして三十年前、試行錯誤《しこうさくご》の末にシュートボクシングは誕生した。

以来、私は人生のすべてをシュートボクシングに捧げてきた。

ビジネスの「ビ」の字も知らない若造がゼロから事業を立ち上げ、自己流で運営をし、勉強を重ね、大きな失敗と小さな成功を繰り返しながら自分と仕事に向き合ってきた。設立当初は私自身が選手としてリングに上がって会場を盛り上げ、同時に後進を教育しながら、この小さな団体を三歩進んで二歩下がるがごとく育てていった。

これまで多くの人との出会いと別れがあったが、確信しているのは出会ったすべての人がいなかったら現在の私は存在しないということだ。かつては恨んだ両親に対しても、今では深く感謝している。この世に生んでくれたからこそ今があるし、つらいことも多かったが、幼いころに育まれたハングリー精神で逆境の中を生き抜くことができ、こうやって長い間シュートボクシングを継続することができている。

ひとつの企業を四半世紀以上経営するのは並大抵のことではないと聞く。時代が変われば、ニーズも変化する。自分の情熱や気持ち、本分を曲げないまま、時流に合わせて活動するのはとても大変なことだ。しかし私は不思議なことに、時代時代の節目に周囲の方々から手を差し伸べてもらい、手厚い協力を得るなどして救われることが多かった。

私の座右の銘は「感謝」である。

自分に携わるすべての人、すべてのもの、すべての状況に心から感謝をする。たとえそれが自分に悪影響を与えた人だったり、目を背けたくなるような悪い状況だったりしても、私はその信念を貫き通す。森羅万象《しんらばんしょう》、この世のすべてに感謝することで、私は幸せに生きていることを実感する。

若い人からしてみれば、感謝だなんて、と思うかもしれない。実際、私も若いときは「そんなキレイごとなんて！」と強く反発していたが、人生経験を積んでいくにつれ、感謝という言葉の重みが心の奥深くに沁《し》み入るようになってきた。

そして今や、感謝という思いは、自分の人生になくてはならないものになっている。

私は決して成功者ではないが、多くの人に夢や希望を与える仕事をさせてもらいながら、たくさんの仲間たちに囲まれ、毎日を有意義に過ごしている。これもすべて感謝という思いのおかげなのだ。

本書では、そんな私の感謝を通した三十年間の経験をお話ししたいと思う。

この本を手に取った方からすれば、**格闘技の世界とビジネスの世界はかけ離れているイメージがあるかもしれない。しかし選手として、また運営する者として携わってきた三十年間を振り返ると、不思議とビジネスの世界と共通する部分が多い。**練習への取り組み方、後進への指導方法、組織運営のノウハウなど、ビジネスの世界にも適用できる例は枚挙《まいきょ》にいとまがないと思う。

ただ、ひとつ断っておきたいのは、私はシュートボクシングの活動をビジネスとは考えていない、ということである。もちろん団体を継続していくための努力はするが、真の目的は、シュートボクシングという競技を世間に普及させるとともに、人間教育として若い人たちを育てていくということにある。

逆に言えば、ビジネス的な視点から離れ、情熱だけを武器に懸命に突き進んできたからこそ、これまで継続できたのではないかと思う。**利益優先の姿勢で運営していたら、おそらく今、シュートボクシングは存在していないだろう。「熱」が伝わり、周囲の人を動かすということも、確かにあるのだ。**私はそれをたくさん経験してきたことをとても幸せに感じている。

リングの中の三分間には、人生のすべてが詰まっている――。

だから、できるだけたくさんの言葉を伝えてあげたい。

「なりたい自分になるためにはどうすればいいのか」

「不甲斐ない現実をどう突破すればいいのか」

「複雑な人間社会をいかにしてシンプルに生きていけばいいのか」

先行きが不透明な時代において、将来に対して不安を抱えている若い人たちへのメッセージを中心にしたが、経営者や中間管理職の方々がどのようにしてビジネスと〝闘って〟いけばいいいか、そのヒントも述べさせてもらっている。

生きていく中で何か壁にぶつかったとき、仕事などで課題が生まれ頭を悩ませているとき、日常生活のふとした瞬間にページを開いていただければ幸いだ。
歴史に残るような金言や格言が述べられているわけではないが、あなたにとって明日へつながるひと言がどこかにあることを願ってやまない。

シーザー武志

目次

はじめに　3

1章　仕事術――限界を作るな

目の前のことに全力で取り組め　18
人目を気にせず、やるべきことに素直に取り組め　21
どん底の経験から自分の役割が見つかる　24
極限状態まで追い込まれる経験をせよ　27
不条理なことがあろうと借りは仕事で返せ　30
臆病であることを武器にせよ　33

2章 発想術――ピンチをチャンスに変えよ

過去や前例にとらわれるな　38
アイディアに困ったら「逆」を見よ　41
仕事の中に楽しさや面白さを見つけろ　44
問題には真正面から取り組め　47
絶体絶命のピンチのときこそ、原点に還れ　50
ライバルがいることを幸せだと思え　53

3章 育成術――部下の能力を引き出せ

「ちゃんと見てあげること」なしに人は育たない　58
上に立つ人間こそ繊細たれ　61
いいところを見つけて褒めろ　64

目配り・気配り・心配りの三大原則を徹底させよ　67
夢を見させるトップになれ　70
欲を上手に引き出せ　73
戻ってきたい人間は受け入れろ　76

4章　経営術――組織を硬直化させるな

単なる「達成感」を「成功」と勘違いするな　80
調子がいいときほどブレーキを意識しろ　83
「気づき」があればチャンスをものにできる　86
死なない努力をしろ　89
本分を忘れると、大事なものは壊れてしまう　92
経営で一番難しいのはバトンタッチ　95

5章 交流術——人間関係の絆を強くしろ

偶然の出会いを大切にしろ 100
偏見から入ることなく人を見よ 103
型をぶち破れ！ 岡本太郎先生の教え 106
自分ばかり楽しむな 109
喧嘩別れした相手に自分から歩み寄れ 112
人を許せたとき、成長への一歩となる 115

6章 人生術——未来を切り開け

人は大きな志を持たなければならない 120
自分の「使命」は必ず見つかる 123
失敗をする勇気を持て 126

ケジメをつけられない人間は、能力を発揮できない 129
情報に振り回されるな 132
リスクに打ち勝つには情熱しかない 135
好奇心さえ失わなければ人間は成長する 138
すべてにわたり感謝せよ 141
若い人たちへのメッセージ 144
おわりに 145

1章 仕事術

――限界を作るな

目の前のことに全力で取り組め

好きではない仕事をやっているという人は結構いるのではないだろうか。

別に好きでもないし、興味もない。ただ生活のために働いている。けど、今のこの現状をどうにかしたい……。

甘ったれるなと言いたいところだが、本意ではない仕事に就くことは人生においてて少なからずあることだと思う。

そんな手応えのない日々をどうすればいいのか？

答えは簡単。とにかく現在任されている仕事を一生懸命、完璧にやることだ。

人によっては、これは答えになっていないかもしれない。心血を注げない仕事だから悩んでいるのに、と。

それでも、もう一度言う。目の前のことをとにかく全力でやれ。それができないのならば会社を辞めてしまえ。ただ、あなたという存在は、会社にいる人間の誰の記憶にも残らないだろう。そんな生き方でいいのだろうか?

私にも経験がある。本意ではない仕事を任されて、腐りそうになったことは数知れず。けど、投げ出さなかった。なぜならば中途半端な生き方をしたくはなかったからだ。今となっては、あのとき逃げなくて良かったと思っている。

一生懸命に物事に取り組む人間には〝縁〟が生まれる。

上司だったり関係者といった身近な人間が、熱心に仕事に取り組むあなたの姿を見て、徐々にかもしれないけど、日々心を動かされる。

そしてある日、「お前はこっちの仕事のほうがいい」、あるいは「才能を生かしたいのであれば別の部署に行ったほうがいい」と絶対に声をかけてくれるはずだ。

上の立場にいる人間は、組織の利益や効率性を考える。だから一生懸命働く姿を見れば、よりふさわしい場所で生かしたいと思うのは当然だ。人材を生かし育てなければ、自分の評価も下がってしまうわけだから。

しかし、その逆も言える。つまらない仕事だからやる気を見せず、ただ淡々と時間だけを過ごすような社員であれば、上司から興味を持たれず、同じ場所にずっと塩漬けにされてしまう。チャンスなど生まれるはずがない。

他人からの評価とはそういうものだ。才能のあるなし以前に、退屈とおぼしき仕事すらまともに取り組めない人間に、他のことができるはずはないのだから。

地味でつまらないと思う仕事を、やる気を出さずこなしたところで現状維持でしかない。俺はこんなことをやるために会社に入ったんじゃない、といった一文の得にもならないプライドなどかなぐり捨て、道化《どうけ》になってみればいい。カラ元気でもいいから、笑顔を見せて働きまくる。

例えば新入社員であれば、入社してすぐに希望する部署で働けるほど世の中甘くはない。最初は上司から、こいつは地味な仕事でもきちんとこなせるのか、と品定めされる。そう考えれば、つまらない仕事であっても意味を見出すことができるはずだ。

目の前のことに全力で取り組めば、それができない人間よりもはるかにチャンスは広がる。汗水をたらした先に未来への道は続いているのだ。

人目を気にせず、やるべきことに素直に取り組め

私が選手やスタッフを見る際に重要視しているのは、掃除のやり方だ。練習の内容ではなく掃除という答えはいささか意外かもしれないが、こういった日常的な部分に人の内面は表れるものなのだ。

トレーニングジムの掃除をしろと命じて、終わったらチェックをする。基本的に心の入っていない人間はきれいに掃除ができない。本気でこの環境で頑張ろうと思っている人間であれば、トイレから下駄箱まできれいに仕上げるものだ。

とはいえ、最初のうちは隅々まで感心するほどきれいにしていたけれど、慣れてくるとだんだんと細かいところまでは掃除をしなくなってしまう人も少なくない。そういった人間は、仕事においても最後の詰めが甘くなってしまう傾向がある。よく部屋や机の上は自分の心を映す鏡だと言うが、これは的を射た指摘だと

思う。

私の弟子に初代チャンピオンの大村勝巳（シーザージム新小岩代表）という三十年近くともに頑張っている人間がいるが、彼の掃除は素晴らしい。通常であれば時間の経過とともにくすんでしまうものでさえピカピカに仕上げるし、神棚も長い時間をかけて丁寧に掃除をする。立場的に掃除は下の人間に任せてもいいのに、自分でやる。しかも自分が一生懸命やっている姿を見せようとしない。

基本的に、自分が何をしているかを必要以上にアピールする人間は大成しない。ほら、やっていますよ、考えていますよ、とわざと見せつけるような人間よりも、ただ黙々と与えられた使命を、手を抜かずにやる人間が最終的には結果を出す。

これは私だけの意見ではなく、いろいろな組織のトップと話していると、だいたいみんな同じようなことを言う。つまり、**人が見ている見ていないにかかわらず、やるべきことに素直に取り組むことのできる人間が伸びていく。**できなくてもいい。怒られてもいい。できるようになろうと、ただ素直に、一生懸命に、手を抜かずにやり抜くことが成長にとって必要なのだ。

素直な心があれば、最初は言われたとおりにやっていたとしても、いつしか相手の言葉から学び取ろうとする意識が芽生えるはずだ。なぜこういうことをやるのだろうか。これにはどんな意味があるのだろうか。結果、真理に気づくことができれば、それはその人にとって大きな成長であり、新たな世界が広がっていくことを意味する。

ただし、素直な心を持つのは難しいものだ。人間、歳をとれば表裏ができて、自分の思考を優先させてしまう。しかし斜《はす》に構えたり、裏読みをしたりしても得るものは少なく、チャンスを逃すばかり。ここは割り切って、相手を信じて、言葉に耳を傾けて、とりあえず一生懸命取り組んでみる。

素直とは言い換えれば「謙虚」でもある。感謝の気持ちを忘れず、まずは何事においても無心でトライしてほしい。

どん底の経験から自分の役割が見つかる

よく「生きていることの意味」や、もしくは「働くことの意味」とは何か、考えることはないだろうか。

日々、忙しく働いて人生を過ごすことに一体なんの意味があるのだろう。または好きでもない仕事に従事して無益な時間を過ごしているのではないだろうかと考えてしまう。人間、そういったネガティヴな感情にとらわれてしまうと、体の内から活力が湧いてこないものだ。

昨今「ブラック企業」というものが世間を賑わせている。就職難の時代、自分が望む条件と合っていると思いようやく入った会社が、じつは違法とも呼べる労働条件で否応なしに厳しい環境の中で働かされてしまう。多くの人はこんなところで働くことはできないと会社を辞めてしまう。また、どうしても生活を支える上で働かざるを得ない人間は、過酷な条件を受け入れ、身を粉にして働き、最終的には肉体や精神に異常をきたすといった話も聞く。

ブラック企業に従事し体調を崩してしまうのは確かにいただけないが、誤解を恐れずに言えば、それもひとつの「経験」だと思う。どん底の環境を知ることができれば、あとは上を向くだけ。地に足がつけば、あとは光の差す方向へ歩むだけ。過酷な経験が知恵を育み、次のステップを切るための糧《かて》となる。人生はその繰り返しだと思う。

いろいろな経験をすることで、人はいつしか自分の役割を見つけるようになっていくものだ。

役割とは何も仕事ばかりとは限らない。スポーツや趣味的なことでもいいだろう。いろいろな経験をすることで、それまでの人生では想像もしていなかったものに出会い、好きになり夢中になっていく。または多くの人と接することで、尊敬できる人や愛する人と出会い、その人のために頑張りたいと思えるかもしれない。

最近、若い人たちから「何をやっていいのかわからない」とか、「会社でどのように立ちまわればいいかわからない」という声を聞く。

はっきり言えば、そんなことが最初から明確にわかっている人などいない。とにかく動き、知り、経験することで、心の内にある漠然としたものは徐々に形になっていき、最終的に自分は何をすべきなのか明確になるのだ。

もちろん、その過程において失敗もあるだろう。辛酸も舐《な》めなければいけない。しかし、それが嫌だからといって背を向けていたら、結局何も得ることのできない人生になってしまう。生きている意味にも、働くことの意味にも気づくことのない無味乾燥《むみかんそう》の時間を過ごすしかない。

さまざまな経験をくぐり抜けることで、自分は何が好きなのか、何に対して夢中になれるのかが、だんだんと見えてくる。すると何をどのようにしたらいいのか、自分の役割や自分が生まれてきた意味に気づくはずだ。

極限状態まで追い込まれる経験をせよ

私はジムの選手を教育する過程において、必ず一度は徹底的に追い込みをかけることにしている。

叱咤激励《しったげきれい》しながら、高いノルマを課してプレッシャーをかけていく。それこそ営業で外回りをするよりも大変な練習量を与える。

選手は当然きつくて音を上げる。けれども様子を見つつ、ギリギリまで手を緩めずに圧力をかけていく。もちろん、選手を壊さないような見極めが肝心になるが、これをやるとどうなるか？

ある選手はのちに次のように語っていた。

「あまりの緊張感とプレッシャーで心が折れそうになるのですが、いつしか開き直るというかリミッターが外れて苦しさから解放されるときがくるんです。それを一度経験していると、どんな練習をしてもつらく感じず、試合に臨むことができるようになりました。追い込まれているときは極限状態なわけで、考えてみれば、あの状態をひとりで作り出せるかといったら無理だと思います」

ビジネスの世界はもちろん、どんな社会にあっても世間とは厳しいものだ。ある程度自分を追い込み本当の苦しさを知らなければ荒波に耐え切れないかもしれない。ただ、追い込まれる環境はひとりでは作れない。誰かが引き上げてあげなければいけない。だから私は、徹底的に追い込むわけである。

耐えられた人間は、おのずと結果を出すようになる。極限の状態を知っているのだから、それに比べればすべてが楽に感じる。試合でも多少のプレッシャーなどはね除け、自分の力を発揮できるようになる。

私が言いたいのは、人生において苦しさから逃れようとしても、結局それは叶わないということだ。そう思わなければ仕方がない。

けれどそれに立ち向かいクリアしたとき、人は安堵するし、自分の成長を実感できる。そのとき初めて、いろいろなものに対して感謝の気持ちが生まれる。

前に述べたように、**自分を窮地に追い込んだ人や状況、思い出したくもない苦しい環境も含めて、すべてに感謝するということだ。**それがあるから今がある。どこかのピースがひとつでも欠けていたら、今の自分はない。感謝を忘れることは、自己を喪失するのと一緒である。

感謝をもってさらに成長したいのであれば、やはり楽な思いばかりせず、ときには厳しいことを自らに課さなければならない。何も二十四時間苦しい思いをしろと言っているわけではない。仕事や自分がやりたいことの中に厳しさを求める。とくに仕事のハードルは絶対に上げた方がいい。できないんじゃないか、無理なんじゃないかと不安になるぐらいに。不思議なもので、人は絶体絶命のときほど真価を発揮するものだ。

ここ一番の集中力というのは、極限の状態でないと生まれない。自らを追い込んで問題をクリアしたとき、本当の感謝の意味を知ることになるだろう。

不条理なことがあろうと借りは仕事で返せ

人を叱《しか》るというのはとても難しいことだ。

愛情をもって叱らなければ意味がないし、ただ感情のおもむくまま怒鳴り散らしても逆効果。何も生み出さない。お互いに嫌な感情が残るだけだ。

あるとき「感情的に腹を立ててしまったときの対処法はありますか？」と尋ねられた。質問の主は経営者で、困ったことに短気だそうである。社員のミスを知るとあたり構わずすぐに怒ってしまう。当然、社員は萎縮《いしゅく》し、場の雰囲気は白けてしまう。本人も我に返るとバツが悪くなってしまい、多少なりとも謝ったほうがいいのに、それができないということだ。

怒りを鎮《しず》めるのは難しい。私もまだその域には達していない。単純明快な性格だし、仏のような人間ではないので、場合によっては自分をセーブできなくなってしまうことがある。それこそ頭の血管が切れるぐらいの勢いで。

ただ、怒るときというのは本気でなければ相手に伝わらない。ポーズで怒ったり、あるいは相手を小馬鹿にするように嫌味を言うような怒り方ではいけない。全身全霊《ぜんしんぜんれい》を込めて叱るということが大切なような気がする。

ただいつも叱っていてはいけない。たまに叱るから効果がある。その人のためを思って、愛情をもってここぞという場面で本気で叱る。

今の若い人は叱られ慣れていないので、叱られるとシュンとしてしまうことがある。だからその後にアドバイスを与えるなり、なぜ叱ったのかをきちんと説明するなどフォローをしっかりすることが大事になる。

怒るということで思い出したのだが、怒りの中でも「不条理な怒り」というものがある。例えば仕事相手に汚い手を使われて出し抜かれたとか、同僚にありもしない悪い噂を流されてしまったとか、自分に非がないばかりか陥れるような酷《ひど》いことをされてしまう。少なからず業務に支障をきたすわけだから怒って当然である。相手を恨むこともあるだろう。

しかし、ここで熱くなってはいけない。

怒りにまかせ感情的になってしまったら、相手と同じレベルの人間になってしまう。言い争ったところで不毛な結末を迎えるだけだ。

ここでグッと我慢して冷静になる。

結論を言うと、相手が仕事関係の人間であれば仕事で見返すしかない。自分が未熟だから馬鹿にされたと思って、一心不乱に仕事に集中する。

いくらこっちが口でああだこうだ言っても、相手は痛くも痒《かゆ》くもない。**一番の特効薬は、仕事という同じフィールドで勝負をして、勝つこと。相手の口をつぐませるには、これが一番だ。**

厳しいときこそ何のために仕事をしているのか、足元をきちんと見つめる。営業の人間であれば会社に利益をもたらし、制作の人間であれば消費者が喜ぶようなモノを作る。

自分の仕事で勝負しよう。平穏とは進まぬ世知辛《ちせがら》い社会、ときには不条理な怒りを仕事のエネルギーにすることも大事である。

臆病であることを武器にせよ

世界で活躍するような起業家やアスリートは、一見すると自信満々に輝いて見える。自分のビジョンをしっかりと見据えて行動し、強烈な勝者のメンタリティを持っている。その姿や言動からは「強気」や「勝気」といった、弱者を寄せつけない決断力を感じさせる。

しかし、私がこれまでの人生で多くの人と接してわかったことは、自分の道を迷いなく邁進しているように見える人ほど、その裏ではじつに綿密な戦略と努力を重ねているということである。

つまり、彼らは〝臆病者〟なのである。

こうはっきり言ってしまうと語弊があるかもしれないが、努力の果てに成功した人間ほど多くの対外的要素に怯え、警戒心を解くことをしない。

私もまた臆病者だ。多少ハッタリが効くところはあるが、正直、先のことを考えると不安に駆られることも少なくない。

自分が臆病であるということを認めるのは大切なことだ。臆病であることを素直に受け入れてしまえば、人はそれを打ち消すために一生懸命物事に取り組むはずである。トップアスリートも同様。試合が怖いからこそ、また不安だからこそ、自分を限界まで追い込むような練習をする。とことんまでやり切らなければ、不安は払拭《ふっしょく》されない。しかし、やりきった際には、それが自信となり、本番で開き直って勝負することができるのだ。

ビジネスマンであってもプレゼンテーションを控え、クライアントを確実に満足させなければいけない厳しい状況であれば、責任とプレッシャーから徹夜をしてでも資料を作成するだろう。営業ならば、絶対に契約を取るためならば、相手のことを事細かく調べ、きちんとこっちを知っているなと先方を安心させなくてはいけない。

臆病ゆえの用意周到《しゅうとう》さがなければ、成功や結果を導き出すことはできない。

臆病者の反対は、根拠なき自信家だろう。自分はできると過信し、努力を怠《おこた》ってしまう。もちろん最初はその自信が力となって上手く行くこともあるだろうが、いずれ頭打ちになる。一流と二流の差はそのあたりに出てくるような気がする。「なんとかなるさ」という思考や方法論も必要になるときもあるとは思うが、もしそれで結果を出しても偶然の域を出ない。

自信家に見える成功者は、知識と知恵をきちんと体得して武装している。トップを究め勝者のオーラをまとっている人は、人知れず見えないところで限界まで努力をしたから、それが内面から溢れ出ている。

また臆病者は、謙虚でもある。そして、すべてを疑ってみる自問力もある。他人の言葉に耳を傾けつつ、それを自分の中で精査し、必要だと思える答えを導いていく。心に確たる芯さえあれば、臆病こそ最大の武器になる。ほとんどの人が臆病な一面を持っている。それを受け入れることができれば、あなたの視線は必然的に定まるはずだ。

2章　発想術——ピンチをチャンスに変えよ

過去や前例にとらわれるな

尊敬する人間はたくさんいるが、私には誰かのようになりたいと思ったことはない。

人を見て、自分を評価するということをほとんどしない。

だから「理想の人は?」とか「参考にしている人は?」といった質問をされてもピンとこない。つまり私は過去や前例にとらわれることなく、自分が思うように生きてきただけなのだ。

ただ、見方を変えると、だいたいトップに立つような人間は、みんな同じような思考をしている。

オリジナリティあふれるアイディアを持ち、それを形にする情熱を持っている。また、部下の心を掌握《しょうあく》するコントロール術に長《た》け、慕ってくれる人が多い。

不器用だけど一生懸命働き、それでいてどこか他の人と違う場所を見ている。反骨心を持ち、ハングリー精神にあふれている。

立身《りっしん》出世《しゅっせ》している人はだいたいそういう人ではないだろうか。ビジネスやスポーツの世界で有名になった先人たちもきっと、前例や慣習にとらわれず、好きなように生きてきた人たちだと思う。

各々《おのおの》スタートと過程は違うかもしれないけど、終着点は一緒というわけだ。

私も今の協会を作るときは大変だった。核心的なアイディアを思いつき、若さの至りで後先考えずに動き出してしまった。

まわりからは「できっこない」「絶対に失敗する」と陰口を叩かれたが、結局情熱で押し通し、苦労はしたけれど現在がある。

また同列に並べてしまうのは恐縮だが、先日、青色発光ダイオード（ＬＥＤ）を発明した日本人学者三名がノーベル物理学賞を受賞した。我々の生活を便利にし、人類の発展に寄与する素晴らしい発明だと思うが、彼らだって研究者時代に「そんなものは作れない」「お金の無駄だ」と、さんざん嫌味を言われたそうである。しかし屈辱を受けながらも情熱を傾け、粘り強く研究を進めた結果、世紀の大発明は生まれたのだ。彼らは口々に、厳しい時代を支えてくれた家族やサポートしてくれた仲間に感謝の意を述べていた。

だから若い人たちは、過去や前例を気にすることなく、好きだと思うことに邁進してほしい。そして将来「無理だ」とか「馬鹿だな」と言った人間を見返してやればいい。きっと結果を出したあかつきには、自分を揶揄した人間にさえ感謝の気持ちが湧くはずだ。

今の若い人は、自分で考えようとせず、言われたことだけを守ろうとする傾向が強いと聞く。冒険をしようとしない。

本当にそれでいいのだろうか？

自分の心の声に耳をすまして、どうしたいのか問い正してほしい。きっと何か見つかるはずだ。まわりが右を向くから右を向くのではなく、左が絶対に正しいと思えば、それを試す勇気をもってほしい。

アイディアに困ったら「逆」を見よ

イベントのアイディアは果たしてどこから生まれるのか。

企画書を書いたり、新しい事業の骨子を考えるのはとても大変だ。あらゆる関係資料を読み込み、有識者に話を聞くなど各方面からアプローチしている人も多いとは思うが、私の場合、基本的に〝ひらめき〟を大事にしている。センスと言うほどのものではないが、自分の中に形にはならない漠然としたイメージがずっとあり続け、あるとき突然花開くといった感じだろうか。シュートボクシング協会を設立したのも、**「プロレスの神様」と言われるカール・ゴッチさん**と出会い、話をしたことで覚醒《かくせい》したのがきっかけだ。

お客さんを呼んでイベントを打つ仕事をしていて思うのは、感覚的な部分が大事だということ。業界全体の流れを見て、今はタイミングじゃないとか、むしろやるべきだとかいったギリギリの判断は、感覚によるところが大きい。何が当たるかわからない世の中、正解はないのだから、自分の感覚を信じるしかない。

ときには時代の空気に逆らって、逆のことをしたりもする。

そもそも私が手掛けてきたシュートボクシングという格闘技は、既存のキックボクシングとは似て非なるオリジナル性の高いものである。ルールも違えば、コスチュームも大会の演出も他の格闘技とは異なる。オンリーワンの競技であり、差別化されることでより輝きが増す。その証拠に、三十年という月日を私が作った競技とともに過ごすことができた。おそらくまわりと歩調を合わせて無難なことをやっていたら、今の状況はないだろう。

ただ逆のことや他とは違うことを会社でやるのは難しい。よっぽど理解のある上司がいれば別だが、普通の管理職ならば「なんだこれは。ナメているのか」と言われてしまう可能性だってある。

しかし、私が本当に言いたいのは「自分の意見をきちんと持て」ということ。みんな同じ方向へ向かっているけど、果たしてそれは正しいのか？　自分にはアイディアがあって他の方向に行ったほうが絶対いい——流されることなく自分の頭で考え、意見を述べる。そういったことが大切だということである。

あなたの持論と言葉に圧倒的な説得力があり、かつ会社としての本質を失わず利益にかなうことであれば、ちょっと違う方向であっても会社は少なくとも採用を考えてくれるはずだ。常識を覆す突拍子もないアイディアから生まれた商品がヒットする例は決して少なくはない。

だから仕事のアイディアに困ったら、一度逆を見てみるといい。

『逆もまた真なり』という言葉がある。見方を変えれば違う風景が見えるが、それもまた真の姿。例えば、コップは真上から見れば丸だが、横から見れば四角。視点を変えることは、新しい着想を生みだすことになる。

やみくもに逆の発想をしても仕方がないが、ときには逆を見て、じっくりと考えれば、必ず打開策やオリジナル性が見えるはずだ。

仕事の中に楽しさや面白さを見つけろ

つまらない仕事でも一生懸命やれば未来は開ける。しかし、行く末に希望があったとしても、嫌なものに取り組むにはそれなりの覚悟が必要になる。やる以上、退屈したくないのが本心だろう。

そこにどうアプローチするかは難しい問題だ。

例えばスポーツの世界であれば、まず基本が大事になるが、スポーツの基本というのは、こんなことを言ってはいけないのだが、退屈なものが多い。

例えば準備運動や補強、ランニングなど、面白いテクニック的な練習をやる前には、必ず基本的な地味な作業をやらなければいけない。基礎ができなければテクニックもへったくれもない。

プロの選手であれば、基本はプレーの礎であると強く意識しているので手を抜くことはないが、アマチュアや趣味程度でスポーツをやっている人であれば苦痛でしかないかもしれない。

やはりこれもまず一生懸命やることが先決だと思う。

私は体験的に思うのだが、単調な運動をしていると、よっぽどきつくない限り頭の中でいろいろなことを考えることができる。「面倒くさいな」「しんどいな」とか、他のことを考える余裕が生まれる。そこでポジティヴに思考を働かせてみてはどうだろう。

「今自分はこうやって一生懸命、腹筋をしているけど、もっと効率的で楽しみながらできる方法はないのだろうか?」とか、あるいは「同じペースのランニングはダレるから、途中でダッシュをして心肺機能を上げよう」といったように、私に限って言えば同じことを繰り返していると、いつしか前向きに楽しさを見つけ出さなければやっていられなくなる。**嫌でもやらなければいけないのだから、その中で面白いことを探求したくなってしまうのだ。**

仕事も同様に、制約はあるだろうが自由な発想とポジティヴな感情で面白いものを見つける努力をしてみたらいい。

嫌という感情があまりにも先走ってしまうとなかなかそういう気持ちにはならないが、一心不乱《いっしんふらん》に一生懸命やっていれば、ふとしたタイミングで何か楽しさや面白さが発見できるかもしれない。

おそらく、世の中を便利にするような発明をしてきた先人や成功者たちは、こういった発想の持ち主だったと思うのだ。最初は嫌だなと思っていたとしても、真剣に向き合ってやり続けることで、こうしたほうが面白くなるんじゃないか、効率的になるんじゃないかとアイディアが生まれ、のちにそれを利用して力を伸ばしていった。どんなことでも真剣にやれば、その奥深さを垣間見ることができ、結果、発想の飛躍は生まれる。

上に立つ人間であれば、なぜ退屈な作業が必要なのかをきちんと説明してあげなくてはいけないだろう。この作業があることで、他の社員や会社のためになっているんだ、とモチベーションを高めてあげる。これも上司の大切な務めである。

問題には真正面から取り組め

私は半世紀近く格闘技業界にいるが、何度も辞めようと思ったことがある。しかし、辞めなかった。いや、正しく言えば辞めることができなかった。足を踏み止まらせたのは、やはり「心」。そして「情熱」だ。大きな志を持って始めたことを投げ出してしまうのは、自分の人生を否定してしまうことと一緒だ。疲れてしまったら足を止めて考える。若かりし日の情熱を。そしてまた歩み出す。私の人生はその繰り返しだった。

当然、ピンチやトラブルは幾度となく訪れた。経営のこと、お金のこと、取引先のこと。その都度、私の頭を深く悩ませ、ファイトする力を奪っていく。けれども、ただ足を止めてしまったり、あきらめてしまうことは、根本的な問題解決の役には立たない。向き合う勇気とハートが必要だ。

仕事をしていると次から次へと高い堤防が迫ってくる。ゾッとするような高い壁が必ずや立ちはだかるのだ。果たして自分はこれを越えられるかどうか、言いようのない不安に駆られる。

経験から言わせてもらうと、壁に立ち向かうことなくまわりを見渡すと、ふと横に逃げ道があったりする。人間は弱いものだから、そこに逃げ込んで壁をかわそうとする。ときには上手く行く場合もある。ただし、一瞬だけ。結局、同じ壁がまた目の前に迫ってくる。例えば、お金の返済を相手に待ってもらうことで一時的には安堵するかもしれないが、結局、同じ問題にぶち当たる。

当然だ。横に逃げているだけなのだから、なんの解決も見なければ、前にも進めない。状況はより悪化していくだけなのだ。

だったら立ち向かうしかない。真正面から問題に取り組んで、自らの力で乗り越えていかなければ壁の向こう側は見えない。

とどのつまり、越えることなく逃げてあきらめてしまったら、一生を通じて何も越えられないまま、何も得る物がないまま終わってしまう。

だったら勇気を思いっきり振り絞ってブレイクスルーしたほうがいい。壁を乗り越えるのではなく、ぶち破る気持ちで立ち向かう。きっと苦しいし、つらいこともあるだろう。

しかし艱難辛苦《かんなんしんく》の末、壁の向こう側に行けたときは喜びと同時に、今まで見たことのない風景が必ずや広がっているはずだ。達成感とともに見るその風景の気持ち良さといったら筆舌《ひつぜつ》に尽くしがたいものがある。

山登りの好きな方が私に言ってくれたことがある。

山頂から見る風景は実に素晴らしい。しかし登山過程において、ずっと上を見ながら登っていては疲れ果ててしまう。苦しいけどあきらめることなく、ゆっくりでいいから一合一合上へと登っていけば、いずれ山頂に到着する。

人はきっと壁を越えたり山頂に立ったとき、成長を実感するのだろう。

しかし油断は禁物。目の前の壁を越えたとしても、また次の壁が迫りくることを忘れないでほしい。

絶体絶命のピンチのときこそ、原点に還れ

人間の本性が現れるのは絶対的な危機に瀕《ひん》したときである。

自分のせいで進めていた仕事が失敗してしまった。金策が上手くいかず不渡りを出してしまった。就職ができない。上司からのプレッシャーが厳しい……など、人それぞれなんらかのピンチを人生で幾度となく経験してきたと思う。

その際にどのように行動をとればいいのか？

ほとんどの人は切迫した状況に慌ててしまって、苦しまぎれの言い訳をしたり、行き当たりばったりの対策をとるだろう。それがその人の本性と言えばそれまでなのだが、結局そんなことをしてもその場しのぎに過ぎず、その後、さらなるピンチが間違いなくやってくるはずだ。

まずは冷静になることを心がける。なぜこのような状況になってしまったの

か、頭の中を整理する。人は危機的な状況に身を置かれると、どうしても目先のことで頭が一杯になってしまい、自分の周辺にまで目配りできないものだ。まず自分を俯瞰《ふかん》する。すべてはここから始まる。

絶体絶命の状況というのは、たいていはいろいろな事情が絡み合っているものだ。決して自分ひとりだけの問題ではなく、仲間や他人を巻き込んだ状況になっている。これは抜本的な解決にはならないかもしれないが、とりあえず絡み合ったものを解きほぐし風通しを良くする。こうすることで多少なりとも解決の糸口が見える可能性がある。

あとは絶対にギブアップしないこと。失敗したからといってあきらめてしまったら、そこでゲームセットである。経営者であろうがビジネスマンであろうが若者であろうが、それは関係ない。窮地に陥ったら、つべこべ言わず、腹をくくり、頭を明晰にして、問題解決に向かうしかない。

私も数々の絶体絶命のピンチに遭遇してきたが、そういうときは一人になり自分を見つめ直す。

自分はどんな理想を持ってこの仕事をやってきたのか。どれだけの仲間に支えられてここまで頑張ってこられたのか。そして、もしここで負けてしまったら、今までの自分を否定することになってしまうじゃないか、と。

つまり、自分の原点に還《かえ》るということ。

自分がなぜ今の地点にいるのかということを、しっかりと確かめることができれば、おのずと自信と勇気が湧いてくる。誰にも負けないファイトする気力が体の内に宿る。

「ピンチはチャンス」という常套句があるが、実際に私も絶体絶命のピンチであっても熱意を持って誠心誠意対応したことで、結果的に反目していた人と和解しパートナーとしてやっていける状況になったことがある。

いくら苦しい場面であったとしても、慌てたり、投げやりになったり、あきらめたりしないこと。そして原点に還れば、危機的な状況と面と向かって対峙できるようになる。解決を急ぐよりも、まずはピンチと向かい合うことが重要なのだ。

ライバルがいることを幸せだと思え

苛烈《かれつ》な競争社会を生きていくのは並大抵のことではない。はっきり言えば、平穏な日々などないに等しい。社会で生きていると、さまざまなトラブルに見舞われながらも常にそれをクリアし、また新たな目標に向かって歩んで行く。だからこそ家庭やプライベートといった平穏や安住が必要になるのだろう。

そんな過酷な社会生活の中に、あえて組み込んでもらいたいものがある。それはライバルの存在だ。

ライバルとは、言うまでもなく好敵手。自分の仕事をやっていく上でもっとも気になる存在であり、多くの人はそういった存在を邪魔とさえ思うだろう。確かに、できることなら他人と比較されない状況で、自分の仕事をしたいという気持ちは理解できる。しかしライバルがいなければ、あなたの成長は止まってしまう。

競争社会ということは、読んで字のごとく競う相手がいてこそ成立している社会である。自分一人では当然、競争にはならない。そして競争心を失ったものは、堕落していく一方だ。

また競争のない社会はあまりにも不健全である。競争を拒否し、逸脱し、自分だけの世界を作る。例えば、トップの交代がない会社であったり、流動性のない人事、既得権益《きとくけんえき》を守る環境にある人間たちばかりになってしまうと、腐敗が生まれる。汚職や横領事件などは、だいたいが競争のない、他人のチェックが及ばない停滞した状況で発生することが多い。

ライバルとは刺激そのものである。角度を変えてみれば一見、煙たい相手かもしれないが、ライバルが頑張れば、必然的に自分も成果を挙げなければいけない。ライバルに勝つことができれば自分の努力の足跡を見つめ、さらに自信を深めることができる。負けてしまったら負けたで、あまりにも悔しいからまた頑張ろうと努力を重ねることができるはず。

古いものでは戦国時代における武田信玄と上杉謙信のライバル関係が有名だ。彼らは隣接する地域の大将として、川中島の戦いなど何度も戦火を交えた。しかし両者の力は拮抗《きっこう》し、勝負がつかないことも多々あった。そのおかげで両者は知恵を絞り合うことで、後年語り継がれるほどの名将になったのだ。両者が同じ時代を生きたライバルでなかったら、これほど名を後世に残すことができなかったのではないか。

つまり、**ライバルとは自分の価値を高める存在でもあるのだ。**

私もいろいろな人たちと競い合いをしてきた。死闘と呼べるものもあったし、勝つときもあれば二度と立ち上がれないと思うほどの屈辱にまみれたこともある。

不思議なもので、最初は意識するのも嫌な存在が、徐々にその技量を認め尊敬できるようになってくる。さらに時間が経つと、本当の意味での感謝が生まれる。

ああ、あいつがいたから自分は成長できたんだということに気づくときがくる。だから自分を高めたかったり、出世したかったら、ぜひライバルを見つけてほしい。

3章　育成術

――部下の能力を引き出せ

「ちゃんと見てあげること」なしに人は育たない

企業のトップや部署の上司が、若い社員を教育するときに一番必要なことはなんだと思うか？

教育というのは人間社会において永遠のテーマだろう。何も知らない無垢《むく》な子どもが親の教育によって成長するのと同じように、社会的な経験の浅い社員をいかに一人前に育てるかというのは企業の責任である。しかし、人の性格は千差万《せんさばん》別《べつ》。そんな個々人に対してどのような教育を施せばいいのか頭を悩ませている人は多いのではないだろうか。

マニュアル通りに指導していけばいいという考え方もある。たしかに、実務的な部分はそれでいいかもしれないが、個性や人間性を伸ばす教育はできないだろう。そして人間性に乏しい人材を育てたところで、おそらく企業の利益に還元されることは少ないだろう。

教育によって豊かな人間性を持たせることは臨機応変さとバイタリティを生み、自己成長を促すという。つまり自分の頭で考えられる人間を育ててこそ、初めて企業努力といえるだろう。

教育に一番必要なことは何か？

私の答えは単純。その人を「ちゃんと見てあげること」に尽きる。

例えば、親子で一緒に食事をしているとする。もし、小さな子どもがご飯やおかずをこぼしながら食べていたら、親はどうするだろうか？　たいていは「こういうふうに食べなさい」と手本を示すだろう。しかし、ご飯をこぼそうが何をしようが放っておくことが一番まずいのだ。綺麗にしなさい、こぼさないように食べなさい、と教えればいいだけなのに、それをしようとしない。つまり、**教育において最もいけないことは放置することなのである。**

人間は社会的な生き物だから、強く意識をしていなくても、どこかで他人とのつながりを求めている。にもかかわらず、何か問題があってもとがめられることなく放置されていることが、実は一番堪《こた》えるのである。「好き」の反対語はなんだと思うか？　「嫌い」？　いや、違う。私に言わせれば「無関心」である。上司が自分に無関心であると察すれば、その人は上司との関係をシャットダウンする。この状況でいくら教育をしても、人間性の成長はおろか、人間関係そのものが破綻《はたん》するだけである。

だから、教育したい人を、しっかりと見てあげること、観察してあげること、関心をもって見ていることをわからせることが大事なのだ。

また、きちんと見ることができれば、個々人に合った声掛けが容易になり、個性に応じた指導がしやすくなる。

一方、見られている、気にかけてもらっていると思えば、人は必然的に素直になるものだ。そうすると、束縛することもなく、ガミガミと説教をする必要もない。観察し気にかけていることで、いつしか信頼関係はできるので、より高度なレベルで人間性を求める教育は可能になるだろう。

上に立つ人間こそ繊細たれ

素晴らしい経営者、あるいは部下が信奉したくなるような管理職とはどういう人格の持ち主だろうか。

もちろん有能であることは間違いない。仕事がバリバリできて、対人関係も良好、決断力も早く自分のやっていることに信念がある。

ここまでパーフェクトな人はなかなかいないかもしれないが、この条件を満たしたとしてもなお必要な要素がある。

それは繊細さである。しかし、その繊細さを決して見せてはいけない。

よく豪放磊落《ごうほうらいらく》で、強烈なパーソナリティを持つ経営者や上司がいる。リーダーシップは抜群、細かいことは気にしないで、攻めの営業で業績をどんどん伸ばしていく。

確かに一見、強引さが魅力の有能な人間ではあるが、そういう人に限って人使いが荒い。部下をまるで馬車馬のようにこき使い、使われている人間の苦労などあまり考えない。

そういった会社は成長することもあるだろうが、結局は最初だけで、ある時点で伸びが止まってしまう。

なぜだろうか。そう、それは部下たちと気持ちが通じ合っていないから。

とくに若い人たちは、あまりの人使いの荒さと体育会的な古い考え方に徐々に疲労度を濃くし辟易《へきえき》とすることだろう。きっと内心イライラしながら仕事をしていると思う。

そして時が経ち、いつしか部下たちも仕事を覚え、ノウハウを身につけていく。部下が成長してもワンマンな上司は自分で仕切りたがるから、若い人たちの出る幕はない。

するとどうなるか？　言うまでもなく部下たちは会社を辞めてしまう。終身雇用制度がほぼ崩壊した今の日本では、転職はマイナスではなくキャリアアップの一環として当たり前のものになりつつある。

ビジネススキルが身につけば、仕事はできるけど強引なだけの人間についていく人はいない。かくして会社はもっとも重要である人材を次々と失い、企業としての成長は頭打ちになってしまうだろう。

部下は上司をきちんと見ている。この人についていくべきかどうなのか。その際に必要になるのが、繊細さである。**先を読み、部下の気持ちを理解し働きやすい環境をつくる。しかし決してその繊細さを部下に見せない。**部下にわかってしまう繊細さは、単に神経質だと思われ、逆に気持ちが離れていってしまう可能性がある。あくまでも気づかれぬよう、さりげなくスマートにやる。部下も馬鹿ではないので、上司が見せないよう気を使っているなと察するはずである。もちろん部下からの信用度は増すことになるだろう。

若い人たちも、しっかりと経営者や上司を観察すること。口だけの人もいれば、物言わず行動で示し、きちんと指示を出してくれる人もいる。その際、繊細さが裏にあるのかどうか、ぜひ見極めてほしい。

いいところを見つけて褒めろ

最近は褒《ほ》める教育が主流だという。私のような世代からしてみれば考えられない状況ではあるが、時代が変われば社会も以前とは異なるのだから、その時々に合った方法というのはあるのだろう。

確かに管理職の方々から話を聞くと、最近の若い人たちはきつく叱ると会社を辞めてしまうと言う。会社も人材を育成するのにコストがかかっているから、簡単に辞められては困ってしまう。

とはいえミスをしても叱らず、褒めてばかりいても人は育たない。やはり、厳しさというものを肌で知ることによって、初めて会社にとって戦力になる人材になる。そのさじ加減が難しいのだと思う。

あるとき、知り合いのＩＴ企業の社長から社員の育成について相談を受けた。

彼は非常に厳しい人間で、ミスをした場合はもちろん、企画書の内容が不十分だと「詰めが甘い！」と激しい口調で若い社員を追い詰めてしまうそうだ。

今どき珍しいぐらいのスパルタ社長だが、やはりそれでは社員はついてこない。私は言った。

「厳しくするのは必要だが、いいところを見つけて褒めろ」

聞けば社長は、社員をほとんど褒めたことがないそうで、私の言葉に対し意外な表情をした。猪突猛進《ちょとつもうしん》にひたすら頑張ってきた人間なので、褒めるという考え方が欠落していたようだ。

会社をいい方向へ変えたいのであれば、ここは社員を管理する立場にある彼が変わらなくてはいけない。人をリードするには、自分の思考やスタンスをときには変化させることも必要だ。

後日、話を聞いてみると、その試みは効果的だったようだ。

ＩＴ企業なので社員はほとんどが三十歳前後。突然の社長の変異に初めは面食らったようだが、徐々にその態度が浸透していき、個人はもちろん会社として前向きに業務をこなせるようになったということだ。

下の人間に対し、すべてのことについて叱ってしまうと、結局、逃げ場がなくなってしまう。当然、不平や不満は澱《おり》のように蓄積していくばかりで、そんな社員が社内で増えていけば、当然雰囲気は悪くなり、企業として動脈硬化を起こしてしまうのは目に見えている。一つだけでも逃げるところを与えるだけで、その人材は絶対に生きる。そしてやる気になってくれる。

方法はいくらでもあると思う。例えば、プロ野球の楽天や中日、阪神で監督をした星野仙一さんは、闘将という異名を持ち、非常に選手に対して厳しい監督として有名だが、その一方で、選手の奥さんの誕生日に花束を送っているという話を聞いたことがある。決して直接的に褒めなくても、そのような目配り、気配りがあれば、部下はリーダーを信じ、男にしようと頑張ってくれる。

ワンパターンにならず、かつ軸をブラさず、部下の立場を慮って臨機応変《りんきおうへん》に対応する。それは些細なことであっても私は十分だと思う。

目配り・気配り・心配りの三大原則を徹底させよ

私は普段の人間関係はもちろん、仕事をしていく上でも**「目配り」「気配り」「心配り」**の三大原則を大切にしている。極端な話、これさえやっていればジムの運営や人材育成、そして渉外などあらゆることがスムーズに進むのだ。

しかし、この三大原則をいきなりやれと言われても、何をどうしていいかわからず、戸惑う人もいるだろう。

三大原則などと大げさに言っているが、実際には常識の範囲のことをただ普通にやればいいだけのこと。

例えば挨拶。シュートボクシング協会ではこれを徹底的にやらせている。当たり前のことだと思うかもしれないが、これが社員一人ひとりの意識に浸透している会社は意外と少ない。日常においてもきちんと挨拶ができない人が増えていると感じ、私は以前から危機感を持っていた。だからどこの組織にも負けないぐらい、挨拶はしっかりとさせている。

そのことを若い経営者に伝え、実践させたことがあった。客人や訪問者が来ると、フロアにいる全員が仕事の手を休め立ち上がって大きな声で挨拶をするのだ。

言われた方はどう感じるだろうか。挨拶されて悪い気になる人はいない。むしろ元気やエネルギーにあふれ、会社に一体感が感じられ、好感触を抱いてくれるはずだ。実際、その若い経営者の会社に銀行の人間が来たとき、一斉に社員から挨拶をされて「こんな会社なかなかありませんよ」と好感を持ってもらえたそうだ。だからといって銀行から融資をしてもらえるかどうかは別問題だが、いい印象を与えられたことは間違いない。

そんな小さな心づかいが、もしかしたら大きな実を結ぶかもしれない。つまり相手のことを思いやって、普通のことを普通にやるのが三大原則なのだ。

本来は人から教えられることもなく、自分で気づきながらやるべきなのだが、礼節や礼儀が乱れつつある現在の日本ではきちんと指導をしなければ、やることのできる人間が少なくなってきている。

仕事の実務的なノウハウを教えることはもちろん大事なことではあるが、まずは「目配り」「気配り」「心配り」を徹底させる。挨拶のような簡単なことから始めていくことで、あとは自分なりに咀嚼《そしゃく》して学んでいくだろうし、あとはあらゆるシーンで三大原則を活用するだけ。たいしたことではないのかもしれないが、謙虚さや細やかさを身につけることは、本人の成長はもちろん会社にとって大きな利益を生む可能性があることを忘れないでほしい。

巨人軍の選手は紳士たれ、という言葉があるが、やはり世の中に出ていく人間は社会人である前に常識人でなくてはならない。

また非常識に振る舞うことを格好いいと思っている人がいるが、他人から見ればそれはとても格好の悪いことだ。本当に実力がある非常識だとおぼしき人は、本物の天才か、あるいは常識をとことん知り尽くした人間があえてやっているのだと思う。まずは社会に通用する常識力を修練しよう。

夢を見させるトップになれ

情熱は自分の理想を形にする大きなきっかけになる。行きあたりばったりの不安なスタートでも、少しずつ自分の熱意に賛同してくれる仲間が集まって、いつしか事業は軌道に乗っていく。

もちろん簡単な道のりではない。たくさんのピンチやトラブルに遭遇し、その都度勉強し、経験を深め、さらに人間力を高めていく。私もシュートボクシングと歩みを一緒にするように成長してきた。

協会やジムにはたくさんの仲間や従業員がいる。彼らの働きや努力がなければ事業は立ち行かない。規模が大きくなっていけば、トップの人間がすべてのことを処理できるわけではないからだ。

そこで考えなければいけないのが、いかに従業員に働いてもらうか。

もちろん高いサラリーを保証するなど短期的に効果のある方法はあるが、長期的に見れば会社のためにはならない。金や自分の利益のためだけに働いている人間の多い職場は、いずれ崩壊する。金という物質的なものでつながっているだけなので、いずれ人間関係は希薄になるからだ。私の気質は浪花節だし、何よりも「絆」を大事にしてここまで来た人間だから、仲間や従業員とのチームワークこそ組織にとって一番の力だと確信している。

働く若い人たちのモチベーションを上げるには、夢を見させてあげることが大事だ。

会社で言えば、たくさんの人間が働き、個々に役割が与えられているが、果たして自分はこの会社でなんのために働いているのか――これをきちんとトップなり上司が提示してあげなければ、一般の社員たちは何に向かって走っていけばいいのかわからなくなってしまう。「言われたことをやれ」と厳命するのはもってのほか。それでは絶対に人はついてこない。

「今、おまえがやっていることは全体的に見たら小さなことだし、なんの意味があるのかわからないと感じているかもしれない。けど、この先の事業展開を考えた場合、おまえのやっていることがいずれ絶対に必要になる。だから腐らずに粘り強くこの仕事をしてほしい」

そう聞けば、社員は今やっていることに現実感を持て、自分にも責任があるのだと自覚を持つようになる。**夢や未来というものを具体的に見させてあげれば、人間のモチベーションは必ず上がる。**

そのためにはきちんとビジョンを提示しなければならない。そこで私は若い経営者たちに「朝礼をやれ」と言っている。毎日ではなくても週に数回は、社員が一堂に会する場所を作る。

そこで上の人間が自ら思いの丈を語る。この会社の方向性や夢や未来、具体的な今後の展開、各人がやっている仕事の意味とは何か。きちんと全員で情報共有できれば、自分が何をすべきか気づくはずだし、労働意欲も湧く。もちろん、一方通行ではなく、質問を受けるなどして社員の声にも耳を傾ける。

上の人間の考え方がしっかり伝わる日常を作りだすのが経営者の技量である。

欲を上手に引き出せ

「貪欲《どんよく》」という言葉がある。どこか卑《いや》しいイメージがあるので、いい印象を持たれない言葉だが、私はおおいに結構だと思っている。

人間の三大欲は「食欲・性欲・睡眠欲」と言うように、欲がなければ今日を生きるエネルギーは生まれない。欲がなければ人間らしい日々を過ごすことはできない。

確かに欲に縛られ過ぎてしまうのはどうかと思うが、少なくとも私は欲を持っていなければ成功はしないと思う。

歴史に名を残した成功者たちをみると、みんなすごく元気がいい。見るからにギラギラしているし、オーラがある。そういったものの発露というのは、やはり欲がものをいっているのだと思う。よく食べ、よく眠り、そしてよく仕事をする。すべてはリンクするのである。

「人生なんてつまんないよ」とか「俺はもう駄目だ」なんて完全に欲を失い、活力減退している人がいるが、第三者から見てこういう人が成功するとは思えないし、仲間になりたいとも思わない。人から欲が失せてしまうと、魅力さえも無くなってしまう。

常に欲を持ち続けることができれば、階段を昇るために足を引き上げることができる。欲をひとつ満たしたら、満足することなく次の欲を見つける。つまり欲が生きる上での推進力となるわけだ。

だから貪欲でも結構。まあ、あまりに金に汚い貪欲というのはいただけないが、自分自身を発奮する材料として欲は必要不可欠だと思う。

だからこそ上に立つ人間は、若い人に欲を与えないといけない。

漠然とした状態で働かせるよりも、この仕事が上手くいったあかつきには褒美があるとか、あるいは本人がやってみたい仕事を与えるとか、ニンジンをぶら下げることも必要だろう。

子どもの教育においても同様だ。今の子どもは褒めるとその気になって伸びるというが、そこにはきっと「褒められたい」という欲や「頑張ればもっとやれるかも」といった欲が生まれるからだと思う。

でも、褒めてばかりじゃ駄目。欲が常態化されてしまうと満足してしまって効果がなくなってしまう。欲というものを喚起し活性化させるためにも、ときにはきつく叱ることも大切だ。

私の時代はめったに褒められることなどなく、怒られてばかりだった。ただ「怒られないようにしよう」とか「こうすれば親は喜ぶかもしれない」といった欲が子どもながらにあったような気がする。いずれにせよ、喜びと悲しみといった両方がなければ欲は醸成されない。

人材育成や教育においても欲は大切。「欲深さは罪」という風潮はあるかもしれないが、構うことなく正直に欲を満たすために邁進してほしい。

私にしてもきっと欲がなければ、人生にとって大事な「出会い」「絆」「情熱」、そして「感謝」の念は生まれなかったはずである。

戻ってきたい人間は受け入れろ

私のモットーは「来るものは拒まず、去る者は追わず」である。私はジムの会長として、スタッフや選手のことを観察し、その人に合った育成方法を考えるのだが、ときにはこちらの力が及ばずジムを去ってしまう人が出てきてしまう。どこの企業でも少なからずある話だ。別れは残念ではあるが、人それぞれの人生だし、拘束をする権利はこちらにはない。

ただ、ときとして一度は去ったメンバーが戻ってくることがある。出戻りだが、もし会社に戻りたいと挨拶に来たとき経営者はどう対応すればいいのか。血の気の多い経営者ならば「今さら何を言っているんだ!!」と罵倒《ばとう》し、門前払いすることだろう。

しかし、それではいけない。私は戻りたいという人間に、大いなる可能性を感じる。ケンカ別れをしても、後ろ足で砂をかけるように去っていった人間に対しても、私の評価は変わらない。

ただ、最初の一回は、戻ってきたいと言っても決して認めない。感情的になることなく、冷静さをもってお引き取り願う。そして相手に考えさせるのだ。拒否されたとしても自分はここに戻りたいのか、と。

また数日経って、その人間が戻ってきたいと再び懇願するのならば、私は快く受け入れるようにしている。

一度は去ったという事実は消えないが、一度辞めたのにまた戻りたいというのは、いろいろな会社を回ったが、結局もとのところがよかったということなのだ。

他の会社にいけば問題ないのに、極端かもしれないが、戻りたいと言えばぶっ飛ばされる可能性だってあるわけだ。それにもかかわらず、勇気を振り絞ってもう一度お願いしますと言っているのだから、経営者としては相手の気持ちをくんであげるべきだと思う。

プライドをかなぐり捨てたときの人間は誰よりも強い。気持ちを入れ替え、生まれ変わった人間をみすみす逃す手はない。

実際、再び受け入れたメンバーは、その後、ジムのために獅子《しし》奮迅《ふんじん》の働きをしてくれる。許してもらい、再び受け入れてくれた恩義を仕事で返そうとするから絶対に戦力になるわけだ。もちろん会社の利益にもつながる。

裏切りや背信を受け入れ、許すことが容易なことではないのはわかる。しかし、経営者と社員が同じ目線ではいけない。同じステージに立ってしまえば議論は生まれず、結局感情に任せた不毛な言い合いに終始してしまう。それでは衝突をするばかりで若い人たちをコントロールすることはできない。

経営者は、従業員の気持ちを読んであげて初めて良きリーダーになるのだと私は考える。何でも受け入れろというわけではないが、上から目線になることなく、悩める者たちをしっかりと包み込んであげてほしい。

4章　経営術——組織を硬直化させるな

単なる「達成感」を「成功」と勘違いするな

「成功」という言葉にどんなイメージを持っているだろうか？

定義は人それぞれだと思う。リッチな生活ができるようになった。起業して仕事が上手くいっている。スポーツの世界でチャンピオンになれた。具体的なことを言えば、人それぞれ持っているイメージは違うだろう。

私にとって成功とは金や名誉ではない。

成功とは、自分が掲げた理想に限りなく近づき、自分自身で「俺はよく頑張った。俺が選んだ人生は間違ってなかったんだ」と誇れることである。

生活していく中で、幾度となく達成感を得たときがあったかもしれない。受験戦争に勝ち抜いたり、希望していた職を得ることができたり、最愛の人生のパートナーを見つけたり。ただ、気をつけなければいけないのは、単なる達成感を成功と思ってしまうことである。

人生は長い。若い時分にその達成感を成功と捉えてしまうと、その先へは進めなくなってしまう。時流は自分の意志とは関係なく動きつづけ、止まっていては取り残されるだけ。いつしか達成感は失せ、灰色の日常を生きなければならないかもしれない。

だから成功というものは、志高く、遠くにあって、なかなか手の届かない大きなものを想定しなければいけない。

私もこの六十年近くの人生で、欲しいと思っていたモノを手に入れることができたり、努力の末に勝ち取ったものもあり、それなりの達成感を得たこともあった。しかし決して成功した、天下を取ったなどと思ったことはない。もはやそれらは過去のものとして、自分の中で消化されている。

例えば富士山の頂点が成功だとすれば、私はまだ五合目にしか到達していない。いや、五合目にさえ達していないかもしれない。

これまである程度結果を残し、世間に対して証明することはできたが、まだまだ自分の理想は遥か彼方にあるし、自分に対し誇れるようなことをした実感はない。

また先ほど成功の定義に「自分が選んだ人生は間違ってなかったと誇れること」と述べたが、そう思うには自分はまだ若過ぎる。

成功を実感するには、物理的に時間がかかるのではないか。

長生きをしてこそ初めて成功の本質が見えてくるような気がするのだ。だから健康に気をつけて頑張っていかなければいけない。健康を気にすることなく、いい加減な生活をしている人は成功することはできないと思う。しっかりと自分にブレーキをかけながら、まわりの人に気を使わせることなく、目標に向かって努力する。

長い人生を賭けて取り組まなければ成功には至らない。

だってそう思ってなければ、私の人生この先つまらなくなってしまう。もしかしたら目標に向かって心ゆくまで探究することができる環境こそが、自分の人生に誇りを持てるという意味で成功なのかもしれない。

調子がいいときほどブレーキを意識しろ

調子がいいときに気をつけるべきこととは一体何か。

大切なのは、ブレーキを意識することである。調子に乗って好き勝手やっていると必ず落とし穴に落ちてしまう。こう言ってしまっては、せっかく上手くいったとしても夢も希望もないが、事実として歴史が証明している。

一九八〇年代後半から九〇年代初頭のバブル時代、企業や個人が後先考えず金があるからといって不動産に投資をしたり、湯水のようにお金を浪費していた人がいたが、バブル崩壊後ほとんどの人が没落した。結局生き残ったのは、バブル時代にあっても堅実な経営を推し進めた企業や、投資などせず資金をしっかりとプールしていた人たちだけである。

「好事魔多し《こうじまおお》」という言葉があるように、絶好調のときほど思わぬ怪我に見舞われたりするものだ。

調子がいいときというのは、まわりが綺麗に見える。何もかも面白く、華やか。この世の春と言ってもいいだろう。

そうするとリミッターを振り切って、自分以上のことをしたくなってしまう。人間は賢い半面、愚かさも兼ね揃えた生き物だから、調子が良くなると本来の自分の姿を見失ってしまいがちだ。

以前、格闘技ブームのときにこんなことがあった。

ある人が私のもとにやってきて、私が創設したシュートボクシングを大きくしようと提案してきた。折からのブームにより、スポンサーとなってくれる企業はたくさんあり、テレビ局からの放映権料も潤沢にあるということだった。

普通ならオイシイ話と思い調子に乗って受け入れてしまうところだが、私は地上波放送でやっていたような、どこかから選手を引っ張ってきて、ただ消費するような興行は絶対にやりたくなかった。

あくまでも私がシュートボクシングを立ち上げた一番の目的は、自分のリングで自前の選手を育てていきたいということだった。この根幹だけは絶対に譲れない。

それに私は長年興行の世界を見てきた経験上、派手にやるなどお金で動かしたり解決したりしようとすると、結局お金で駄目になってしまうことを知っていた。結果はさもありなん。今や地上波で格闘技を見ることはボクシング以外ほとんどない。私には信念があったからこそ、上手く自分でブレーキをかけることができたわけである。

ただ調子に乗ると基本的にまわりが見えなくなるので、ブレーキを意識することが難しくなる場合もある。

そういうときに必要になるのがまわりでサポートしてくれる人たちだ。「ちょっとやり過ぎじゃないですか」と言ってくれる仲間は絶対に必要。意見された瞬間は煙たいかもしれないが、のちに絶対に感謝するはずだ。

家庭内であれば、その役目は女房になるわけだが、恥ずかしながら「あなた最近調子に乗っているんじゃないの？」と、いつも言われている。

「気づき」があればチャンスをものにできる

私が今の仕事を長年してきて痛感したのは、何をやっても上手くいかない時期があるということだ。

何度も失敗をし、辛酸を舐めることもしばしばあった。そのたびに投げ出したくなるが、自分が好きで始めたことだから諦めるわけにはいかない。

ただ四面楚歌《しめんそか》であっても気づくことが多いのも確か。反省し、歩みを振り返り、何が問題だったのかすごく考えさせられたし、その経験が結果的に糧となり、今の自分を形成しているのだと思う。

きっと成功ばかりしていたらわからなかっただろう。考えてみれば、成功ばかりの人生なんてありえない。失敗をいかに次へ活かすか。それこそが成功への近道なのかもしれない。近道と言っても決して平坦ではないが……。

じゃあ率先して失敗すればいいのかと言われると困ってしまうのだが、要は〝気づき〟だと思う。成功しようが失敗しようが、気づきがなければ意味はない。ちょっとした失敗に敏感になる。自分自身に対し、細やかな気配りをする。私は日常生活であろうとビジネスであろうと「これは正しいのか。駄目なのではないか」と常に自問自答しながら日々を過ごしている。気づきがあるかどうかで、人生は大きく変化すると断言してもいいだろう。

ただ時に幸運や強運、いわゆるラッキーが訪れることがある。

例えば、大したマーケティングもしていないのに、そのときの時代の空気や流行りに乗って当たってしまうことがある。

当然、幸運の主は現状に対し「あ、こんなもんなのか」と思ってしまうかもしれない。そこで油断をしてしまえば、結論は言うまでもなく、商売はあっという間に廃れてしまう。

つまりラッキーというのはその瞬間はいいかもしれないけど、持続力に乏しいものでしかない。

ただ、先ほど言った〝気づき〟があれば話は違う。ラッキーであることに気づき、それを契機により大きなことにチャレンジをする。ラッキーであることに安住せず、チャンスとしてとらえる。私はバブルが崩壊したとき、ラッキーなことにあぐらをかいて結局没落して行った人をたくさん見てきた。バブル後に生き残った人は、自分の足元を見て実直に仕事をした人や、目先の利益に走らずチャンスと思い確実なものに投資した人である。

だから普段から細かく考えたり、感じることが大事。状況の良い悪い関係なく、目の前の事象をどう捉えることができるか。

世の中には何の苦労もせずラッキーで世の中を渡っているように見える人がいる。ただ、そういう人は苦労を見せていないだけである。だから、幸運なときほど神経を研ぎ澄ませてほしい。

そういったクセが付けば、何があってもチャンスにできる。またはチャンスを見逃さない人間になれるはずだ。

死なない努力をしろ

会社を経営していくことは決して楽なものではない。取引先とのトラブルや人材の流出、また大きな赤字の計上など、順風満帆《じゅんぷうまんぱん》とは言えない出来事ばかりが起こる。

正直、そういうときは焦るし、場合によってはどん底に落ち込む。光のない闇夜をさまようような不安に駆られることもあれば、もう二度と這い上がれないと観念しそうになったこともあった。

しかし、前を向いていないといけない。開き直りが肝心だ。

絶対に逃げてはいけない。逃げたところで負債は経営者である自分にすべて振りかかってくる。あきらめてしまえば、お金はもちろん、ここまで信じて支えてきてくれた人をも裏切ってしまう。

逃げれば、何もかも失う。そんな人生でいいのか？　そう考えれば結論はすぐに出る。あきらめず前を向くしかない。

絶体絶命のピンチを迎えた人にかける言葉がある。

「死なない努力をしろ」

人生を長いスパンで考えたとき、当然山もあれば谷もある。常に右肩上がりだったり、あるいは高いレベルで長く平穏に生きていける人間はいない。良いときもあれば、悪いときもある。それが人生だ。

つまり、今が悪い時期であるならば、嵐が通り過ぎるまで我慢する努力をしなければいけない。粘って頑張っていれば、いずれ嵐は去り、太陽が頭上に差すはずだ。そういう意味で、私は「死なない努力をしろ」と言うのである。

生きていさえすれば、リベンジをするチャンスは必ずある。しかし、ギブアップしてしまえば失うばかりで、リベンジのチャンスさえ与えられない。腹をくってやれば、必ず逆転のチャンスは訪れると私は信じている。

シュートボクシングを創設して三十年になるが、振り返ってみればそういうことの連続だった。ピンチのときにこそ我慢し、目の前のやるべきことに集中していると、不思議なことに手を差し伸べてくれる人が現れるのだ。

また、事業や経営というものは一長一短に結果が出るものではない。日本にはいくつもの大きな企業があるが、そのほとんどが二十～三十年といった長い時間をかけて成長してきた。最近はベンチャーが流行っているのでわずか数年で急成長する企業もあるが、そういうところは蓄積したノウハウが少ないので、不調になるとあっという間に潰れてしまう。

結論を言えば、信用のある会社を育てるのには長い時間がかかる。だから長く最前線で働くためにも死なない努力をしなければいけない。

正直に言えば、現在も常に不安はつきまとう。思うように結果が出ないことだってある。しかし、やりたいことをやってきたし、その情熱は今も枯れることがない。長年の経験が自分を成長させ、新たな発見を生む。

死なずにここまでやってきて、私は良かったと実感している。

本分を忘れると、大事なものは壊れてしまう

不況と言われている昨今、自分の会社の事業以外の分野からも利益を得ようと、ほかの業種に手を出す経営者が結構いるようだ。いわゆる事業の多角化である。

私から言わせれば、ほかのビジネスに手を出す際は、よっぽど用意周到にしないと難しい。ちょっと儲《もう》け話を耳にはさみ、興味を持ったからと簡単に手を出してしまえば、本業まで巻き込まれ、大きな痛手を負う可能性が高い。

苦しい時代だから、生き抜くために事業を多角化し、サイドビジネスをするのも仕方のないことだとは思う。ただ最初は好調であっても、結局は自分が心血を注いでやっている仕事ではないので、いつか限界がくる。よっぽど集中してビジネス展開しないと、このご時世、すぐ赤字転落の憂《う》き目にあう。

こうなるともう矛盾だらけである。赤字を垂れ流すことはできないのでサイド

ビジネスに集中してしまえば本業がおろそかになり、業績は悪化する。さらにサイドビジネスの負債を本業で補填《ほてん》しようと思えば、会社全体の体力は著しく低下する。サイドビジネスが順調であれば問題ないが、いざ問題が起こったとき負の連鎖に悩まされることになる。

多角化は新しい事業展開をする上で魅力的ではあるが、諸刃《もろは》の剣《つるぎ》であることを忘れてはいけない。よく中小企業は、業績順調だと飲食業に手を出すケースが多いようだが、結果だけ見ればことごとく失敗している。現金商売なので魅力的なのはわかるが、レベルの高い日本の外食産業で勝ち抜くには専門の事業所を設けるなど戦略と投資が必要になる。もはやサイドビジネスのレベルで太刀打ちできるものではない。

常々思うのは、**本業かサイドビジネスかにかかわらず、利益だけを求めてしまうと必ず反動がくるということ。**もちろんサイドビジネスが成功した人もいるだろうし、中には本業からシフトした人もいるだろう。だけど、そうやって「本分」を失ってしまった人は必ず後悔するはず。本音を言えば、あの事業を続けたかったのになぁ、と精神的な喪失を感じることになるだろう。**つまり本分を忘れてしまったら、大事なものは壊れてしまうということだ。**

もともと自分がやりたいと思って始めた本業。思い入れも深いはず。せっかくチャンスをつかみ軌道に乗っていたのに、目先の金欲しさに、ほかの事業に手を出したことで、多くのものを失ってしまう。

これはビジネスに限らず、人間関係においても同様である。

八方美人になり下がり、あっちにもこっちにも調子の良い顔をしていたら、結局、本来大事にすべき人の信用を失ってしまう。夫婦関係でもそうだ。ちょっとした浮気が家庭を壊してしまう例はいくらでもある。

サラリーマンもしかり。まず、上司から与えられた役割を全うして結果を出さなければ評価を得ることはできない。他にも頼まれた仕事もあるだろうが、まずは直近でやらなければいけないことに集中する。脇目もふらず真摯に物事に取り組むことが大切だ。片手間や中途半端な気持ちでは、人の心を動かすような仕事はできない。

経営で一番難しいのはバトンタッチ

これからは若い人たちの時代である。少子高齢化の時代、年配の人間が増えていく中、やはり社会を活性化していくには若い人たちの力が必要だ。

若いリーダーたちに言いたいのは、「信念を曲げるな」ということ。

組織には絶対に譲ってはいけないポリシーというものがある。例えば私がこれまで長年築き上げてきた遺産があるわけだ。とくに組織のスタンスと人間関係に関しては、損なうことなく絶対に引き継いでもらわないと困る。

それをもって時代に合ったカラーに変えていくのは構わない。時代が変われば社会も変わる。組織のポリシーを変化させることなく、時代のニーズに合った消費者が喜ぶものを新しいリーダーの裁量で提供していって欲しい。

ただ、単純に目先のビジネスのためやお金のために組織の根幹を揺るがすのだけは許さない。

今あるものを、宝石を研磨するようにピカピカに磨き上げて売って欲しい。それが後継者たるものの使命である。

経営を引き継ぐときに一番難しいのが「バトンタッチ」なのだ。あまり性急にバトンを渡してても落としてしまうし、逆にゆっくりし過ぎると組織が鈍化してしまう。

社長や経営者というのは言うまでもなく特殊な仕事である。とくに私のところのように大きくはない組織は、すべての決断がトップに委ねられている。

これまで経営者の右腕として近くにはいたけれども、最終的に自分が責任を負う立場になったことのない人間がいきなりトップやるのはリスクが大きすぎる。

そういう意味では、きちんと人材を育て、任せられるタイミングを見計らうのも上の人間の責任だし、センスにかかってくるのだろう。

早過ぎてもダメ、遅過ぎてもダメ。バトンを渡すのは、きちんとトップにパワーがあるうちでないと難しい。枯れてしまってからバトンを渡そうとしても、もう遅い。バトンを渡せないのと一緒だ。

リレーでバトンをつなぐときは助走をするが、二人がトップスピードで走れたときに最も効率的にスムーズに渡る。だからトップにある程度余力が残っていないと上手くいかないし、受け取る後継者もそのほうが楽だと思う。

まだ力ある先代は、新しい後継者が誕生したとしても、何か大きな問題が起こったときに対応することができる。引き継ぎ時には予期しないことが発生したりするものだ。直接フォローしないにしても、相談相手にはなれる。

バックがしっかりしていれば、後継者は思いっきり走ることができる。

バトンタッチこそ、走る方向を見極めてあげる最後の仕事である。

5章　交流術

——人間関係の絆を強くしろ

偶然の出会いを大切にしろ

私は人生において偶然性というものを大切にしている。

毎日のようにいろいろな方と出会う。もちろん長い付き合いのある友人もいれば、初対面の方もいる。人生は長い航海だが、その過程で出会える人間というのは限られている。世界には約七十億の人々が生活を営んでいるというから、確率的に考えてみれば自分が生きている間に出会える人間の数はきわめて少ないといえるだろう。

これを偶然と言わずして何と言おうか。

わずかな確率の中で出会ってしまった。偶然の出会いなのかもしれないが、私にとっては必然の出会いだったと認識している。

かつて私がシュートボクシングの事業を興すときに、ほとんど無一文だった私に無利子でお金を貸してくれた人がいたり、また金銭ではなくてもあらゆる面でサポートしてくれた人がたくさんいたのだが、もしその方々との偶然の出会いがなかったら今の自分はいない。人間だから好き嫌いもあるし、反りの合わなかった人もいる。しかし、それをすべてひっくるめて今はとても感謝しているし、絆を感じている。みなさんと出会わなかったら今の自分はいない。偶然の出会いには何かしらの意味があるのだと、私は確信している。

偶然の出会いは面白いものだ。たまたま私が紹介して出会った人間同士がまったく業種が違うのに一緒にビジネスを始めたり、あるいはまったく仕事とは関係なく偶然に居合わせた人と顔見知りになり、なぜか一緒にビジネスをやるなど意外性ある化学反応が起こったりする。そう考えると多くの人間と知り合い、接することで、見識が広がるのはもちろん自分の未来が広がる可能性が十分にあるといえるだろう。

ある意味、結婚もそうだ。これだけ世界中に男性と女性がいるのに、出会ってしまったたった一人の異性と人生をともにする。偶然と言うにはあまりにも意義深く、出会うべくして出会ったのだと思わざるを得ない。もしかしたら場所やタイミングが違っていたら一生出会わなかったかもしれないのだから。

私はこれからも多くの人と出会いたい。出会うことで果たして何が起こるのか、いつも楽しみにしている。

先に人生の中で出会える人間の数は、世界の人口からみれば極めて少ないと述べたが、じつは「六次の隔《へだ》たり」という仮説があり、これは自分の知り合いを六人以上介すと世界中の人々と間接的に知り合いになれるというものだ。例えば国会議員の知り合いがいるとすれば、そのもう一人向こうは総理大臣になり、さらにひとつ向こうは米国大統領。そう考えると世界は狭く、偶然の出会いのチャンスは無限にありそうだ。

偏見から入ることなく人を見よ

物事を進めたり決定していく上で自分の意見というのは大切だが、はっきり言ってシュートボクシングを立ち上げてから三十年間、私は自分が絶対的に正しいと思ったことは一度もない。

もちろん、自分の情熱や意志にしたがって道を切り拓いてきたわけだが、ときには人の意見を採り入れる度量をもたなければいけない。果たして自分は正しいのか他人の言葉を聞き、自分の活動に反映させる。

だから私は、自分ができないことをやっている人をすごく尊敬している。

例えば異業種の人であったり、自分が経験したことのないスポーツをやっている人に対して興味があるし、できることならば話を聞いてみたい。そこには自分が想像もしていない物事の見方やアイディアがあり、とても勉強になる。

若いときの私は、やはり若気の至りというか自分しか見えていなかった。他人の言葉を容易に聞き入れず、ひとりよがりになってしまい、知らず知らずのうちに多くのチャンスや信用を潰してきたのではないかと思う。ほかの誰かが何をやっていようと自分には関係ない、と考えてしまうことは人生において大きな損失だと感じている。

基本的には誰であれ偏見を持つことなく相手を受け入れる気持ちをもつ。受け入れた上で話を聞き、自分にとって必要か必要じゃないのかを決めても遅くはない。まずは老若男女を問わない全方位外交をする。関係ないと思えることであっても話を聞いてみる。そうじゃなければ人は成長することはできない。自分の知らない経験を持つ人の話を聞き、多角的な方面から自分のやっていることをしっかりと俯瞰する。そうでなければ効率的かつ順調に、自分の目指す方向をまっとうしたり、成功することはないと思う。

私は一応協会のトップにいる人間ではあるが、そういった他分野の方々の意見、そして私の生き方に共鳴してくれる人々に支えられてやらせてもらっているという感覚のほうが強い。こんな嬉しいことはない。

偏見をもてば差別が生まれ、結果、それは人生の常として自分に跳ね返ってくる。だからひとりよがりな意固地な考えを持っている人に言いたい。

もっと広い心をもって世の中を見渡したほうが楽しい。

自分の住んでいる世界なんていうのは狭いものだ。多くの人が日々同じ環境で働き、人間関係も固定されてしまっている。これでは新しい発想は生まれようがない。

だったら活動的になり各方面に対して自分の心の門戸を開いて、受け入れ、自分の引き出しを増やしてもらう。これもまた勉強だ。勉強は何も机上だけでやるものではない。人と接し、影響を受けるのも、大切な学びのひとつ。

たまに若い人と接していると口のきき方の悪い人間がいるが、そういうときは「ちょっと生意気だぞ」とガツンと言ってあげればいい。相手にとってもそれが勉強となり成長につながるのだから。

型をぶち破れ！　岡本太郎先生の教え

私は芸術家の岡本太郎先生と生前にお付き合いがあった。

「芸術は爆発だ!!」のフレーズでお茶の間で人気になったが、岡本先生は情熱と思慮深さを持つ素晴らしい方だった。

お付き合いさせていただく中で岡本先生は、若輩の私に対し事あるごとに次のようにおっしゃっていた。

「今の若者は型にハマり過ぎている。そして、その型をぶち破るような勇気がないんだ！」

岡本先生は若いとき、芸術家として高い評価を受けることはなかった。当時としてはあまりに作品が独創的すぎたのか、岡本先生の感性にまわりの人がついていけなかった。それでも怯《ひる》むことなく、妥協することなく、日本という枠組みから飛び出して海外で勉強を重ね、絵を描き、自分の芸術を創り上げていった。

当時は受け入れられなかった岡本太郎の世界だが、後年、その評価は海外を中心に高まり、ついに日本においても認められる存在になった。

現在においても岡本先生の作品や言葉は、多くの若者たちに刺激を与えている。私もまた岡本先生のおっしゃることに感銘を受けた。そして、若い時分から自分のやりたいことをやり、既成概念《きせいがいねん》を覆すような行動をしてきて間違いではなかったんだと自負した。

だから若い人は、遠慮なく型をぶち破ってほしい。今この瞬間、評価されなくても、一心不乱に成就させたいものに情熱を傾けていれば、いずれあなたに共感し、理解してくれる人が現れるはずだ。

私もシュートボクシングを始めてから、そういった経験を幾度もしている。面白いもので、精力的に活動していると興味を持ってくれる人がいる。その人は、ひょっとしたら同じ志を持っている人間かもしれない。確実に言えるのは、あなたのやっていることを面白いと思ってくれているということだ。

もし、そんな出会いがあったら、ぜひ仲間になってほしい。同じ考えや思想をもった人間との語らいは、常にポジティヴで建設的。基本的に後ろ向きな議論はなく、新しいアイディアも生まれる。そしてその発想はあなたの次のステップアップにつながるかもしれない。

芸術家である岡本先生の話をして思うのだが、美しいものを見極める目を鍛えてほしい。いわゆる審美眼《しんびがん》と言うものだが、どんな世界においても優れた人間は審美眼を持っている。

人間観察や人生観、そしてビジネスにおいても、人はスマートで格好いい、美しいものに憧れるが、それをきちんと見分けることができる人は決して多くないと思う。旅に出るなどして多くの人と出会い、本物を手に取り、考察し経験を重ねることで審美眼は鍛えられる。

いい歳をして審美眼のない人間は、仕事も遊び方も汚く貧相で見ていられない。まあそれも反面教師として、美しいものを見る目を養ってほしい。

自分ばかり楽しむな

経営者として儲かってくると浪費をする人がいる。

知り合いに業績が順調な若い経営者がいるのだが、彼は事あるごとに自分へのご褒美と称し、車を買い替えている。

あるとき私は彼に言った。

「金があるからといって自分ばかり楽しんでちゃいけないよ。例えば、稼いだお金を恵まれない子どもたちのために使ったことがあるのか?」

彼は一度もそういうことをしたことがないと言う。

「だったら稼ぎがいいときは、千分の一の金でいいから子どもたちのために使ってやれ。きっとお前が思っている以上に子どもたちは感謝するはずだよ。車を買い替えるよりも、きっと幸せな気持ちになれるから」

社会貢献をするのは私にしてみれば感謝の表れである。

自分が現在こうやって頑張れるのは、たくさんの人たちに助けてもらったからであり、その恩返しをしたいという単純な動機でしかない。

寄付をしているとアピールするつもりはなく、あくまでも自然な行動のひとつ。震災や災害があったら助け合うのは当たり前。寄付をして金銭的に自分がマイナスになったとしても、人助けができた、恩返しができたという喜びの方が勝る。だって私にしてみれば感謝の気持ちでしかないし、寄付金は自分で浪費するよりも世の中の役に立つ「生き金」なのだから。

一九九五年一月十七日に起こった阪神・淡路大震災では、発生後、仲間の内田裕也さんをはじめ、今は亡くなられた安岡力也さん、桑名正博さん、ジョー中山さんらと大阪へ向かった。

じつはその月末、私は大阪府立体育館で興行をする予定で、実際困ったことになったと思ったのだが、ここはアクションを起こさなければいけないと、みんなで大阪のミナミや北新地を歌いながら歩いて義援金を集めた。

結局、興行は大赤字だったが、その翌日、義援金を持って神戸へ向かった。大阪からの道路は寸断されていたので、船に乗って神戸を目指した。

上陸してみると、あたり一面は瓦礫《がれき》の山。あらためて地震の凄まじさを感じたし、自然の力の前に人間はいかに無力かを痛感させられた。

荒涼とした瓦礫の中を歩いて神戸市役所へ向かっていると、そのへんを歩いていた人が私に気づき声をかけてきた。

「シーザーさん、昨日の興行よかったです。シュートボクシング最高！」

おそらく地元の方で、大変な思いをしているのにもかかわらず、興行を見に来てくれて楽しんでくださったという。

その言葉を聞いたとき、私はあまりにも嬉しくて涙をこぼしてしまった。

困っている人たちを助けたいと思ってここに来たのに、逆に自分が励まされてしまった。感謝の気持ちで胸が一杯になった。

多くの人に支えられ、私は生きているんだと強く実感した。積極的に世間に恩返しをしたいと思うようになったのはあの日からかもしれない。

喧嘩別れした相手に自分から歩み寄れ

他人から「不思議だ」と言われる特技が私にはある。それは、一度は仲たがいした人とまた仲間に戻れることである。

普通は一度袂《たもと》を分かつと、その後再び仲良くなるのは難しい。しかし私は、絶対に許さないと思い続けるよりも、せっかく出会ったのだから〝縁〟を大事にしたいと考えてしまうのだ。

いつだったか、あるメディア関係の方と、意見の食い違いから喧嘩《けんか》別れをしたことがある。

彼は私のことを敬愛してくれていて、いろいろなアイディアを持ってきてくれる優秀な方だった。私にはない発想を持つ、秀逸な着眼点の持ち主だ。

彼とは目標が一緒だったにもかかわらず、自分の意見に対するお互いの思い入れが強すぎて、ボタンの掛け違いが起こってしまったのだ。

一度は関係が途切れてしまったのだが、あるとき、あえて私の方から連絡をとった。「元気ですか」と。

他人からみると、「けっこう勇気のいる行動ですよね」ということになるのだが、自分にはない能力を持っている人との関係を永遠に切ってしまうようでは、結局のところ自分も小さな人間で終わってしまう。

完璧な人間なんてこの世にはいない。私も数えきれないほど間違いを起こしてきた、すき間だらけの人間だ。縁があって出会って、一時は馬の合った仲間である。意固地にならず自分から声をかければ、相手だって応えやすい。

私は彼にこう言った。

「目指す方向は同じなのだから、いい部分を合わせてまた頑張っていこう。それでいいものができたら面白いじゃないか」

そうしたら彼は「やります」と言ってくれた。彼も私と嫌な別れ方をしたことを内心引きずっていたそうだ。

自分から声をかければ、相手は楽になってわだかまりは解ける。そして再び組めば、一度喧嘩をしているから、逆に互いの心情や考えていることが理解できる。当然、以前よりもいい仕事ができるようになる。

再開しても同じようにまた喧嘩を繰り返すのは論外。とくに経営者のような人の上に立つ人間は、相手を受け入れる度量がなければ話にならない。

もちろん喧嘩した直後の連絡は避けたほうがいい。何事も時間が必要。冷却期間を持たなくてはいけない。そして冷静になったとき、一度は一緒に汗水をたらした人間とまた仕事がしたいと思う。そうなったとき私は電話を手に取り、相手の番号をダイヤルする。

人との関係や縁を簡単に切ってしまうようでは、いずれ天涯孤独になってしまう。お世話になった人に対しては、一時的に関係が切れたとしても、心のつながりだけは持っておかないといけない。

関係が断絶したままでは恨みを買うだけ。敵になってしまう可能性だってある。それじゃあまりにも人間として哀しいではないか。

人を許せたとき、成長への一歩となる

人を許すという行為はなかなかできるものではない。

とんでもない無礼をこうむったり、プライドを傷つけられたとき、人は怒りを覚え、相手を許せなくなってしまう。

私も若いときは、そんな人間だった。ちょっとしたことで腹を立ててしまい、交戦的になってしまう。自分に非がある場合はもちろん反省をするわけだが、そうではなく明らかに相手に過失がある場合には怒りの炎はなかなか鎮火《ちんか》せず、絶対に許さないぞと思い込んでしまう。

若気の至りではあるが、これは誰にでも身に覚えがあることだと思う。礼を尽くして謝ってもらえれば、いくぶん気持ちは落ち着くかもしれないが、一度は傷つけられているのだから、すっきりと相手を許すことはできない。以前と同じ関

係になるにはかなりの時間が必要になるものだ。

江戸時代以前、日本には「敵討《かたきう》ち」という風習があった。もし身内を殺されてしまったら、許せないという気持ちから敵討ちをする。有名な話に『忠臣蔵』や、童話の『さるかに合戦』などがあるが、しかし冷静に考えてみれば、仇討ちが成功したとしても、今度は自分が敵討ちに怯《おび》える立場となってしまう。

許さないという感情は凄まじいもので、そういった悪感情は往々にして自分に返ってきてしまうものであり、抜本的な問題解決にはならない。

私は幼いときに親が家を出ていったという体験をしており、長い間、親を許せないでいた。当時、理由もわからず不条理に見放され、私の心と生活はすさんでいった。日々ネガティヴな感情にとらわれ、結局、暗い瞳をした思春期を過ごすことになった。

しかし、人間は変わる。絶対に許せないと思っていた気持ちはいつしか氷解し、親を許せるようになっていた。

自らシュートボクシングという格闘技を創設し、苦労の末、ある程度の結果と成果が出たとき、自分の中で凝り固まっていた許せないという思いが、徐々に薄まっていくのを感じた。

人間は、自分の目標を達成することができると、心に余裕が生まれる。すると視野は広がり、自分の人生を振り返り、吟味することができるようになる。

それまでは苦しいことがあると、自分の家庭環境を恨んだり、人に対して嫉妬心を持ったりしたが、頑張って目標をクリアすると、面白いことに「あのとき苦しんだから結果が出たんだ」と思えるようになってしまう。喉元《のどもと》過ぎれば何とやらというやつで、人生が上手くまわり始めてようやく私は親を許せるようになったのだ。

そして人を許すと、心が広がっていくのを実感した。小さなことで苦しんでいたのが、人を許すことで違う方向に広がっていき、さらに前進する勇気が湧いてきた。

時間はかかっても許すことを覚えると、成長への大きな一歩になるものだ。

6章　人生術——未来を切り開け

人は大きな志を持たなければならない

あなたには大きな志はあるだろうか？

好きな仕事で成功したい。社長になりたい。お金を稼いで自由な生活がしたい。あるいはスポーツの世界でのし上がりたい。人によって目標は千差万別だと思うが、中には平々凡々と今の生活を繰り返していればいい。たいした目標もなく、志もなく日々生活している人もいることだろう。

はっきり言えば、人は大きな志を持たなければならない。

私は自分がいる業界のトップになりたいがため、若いときからすべてを犠牲にし、取り組んできた。結果、人から評価される実績を残し、現在の立場につながっている。自分が高い志を持たなかったら、今の自分はいないだろう。

志がなければ、体や頭は動かすことができない。志は、いわば自分を動かすガ

ソリンのようなものである。

だから、まずは自分の中で無茶だと思えるくらいの目標を作ってみることを勧めたい。

一度それを決めてしまえばあとは動き出すだけだ。ただし、上ばかり見て動いていても必ず疲れや限界を肉体が感じてしまう。なんて高い目標を設定してしまったんだ、と心が折れそうになることもあるだろう。

そういうときは頭の中を切り替える。例えば私はランニングをするのだが、遠くのゴールを見てランニングをしているととても疲れる。あまりにも自分が走り切らなければならない距離が遠く感じられてしまい、疲労も重なり、このままぶっ倒れた方がいいのではないかと考えてしまう。

私はそのとき視線を足元に向ける。ランニングをするような場所には数十メートルから数百メートル単位で道路を舗装した切れ目があるし、それがなければ信号のポールなどでもいいだろう。それを目標に一つひとつクリアしていく。一つひとつの切れ目は間隔が狭いので、肉体的にも精神的にも楽になる。

そしてあるときフッと目を上げ、さっき見た遠くのゴールを見ると、思いのほか近づいている。

結局、人生もそういうことだと思うのだ。

大きな志を持つことは大切なことだし自分を鼓舞する原動力になるが、遠くのゴールだけを目指していると疲弊《ひへい》してしまう。だからとりあえず目標を頭の片隅に置き、目の前のやらなければいけないことをコツコツとやる。そうすれば、いずれ目指すべき場所に近づくはずである。

私はそうやって人生を送ってきた。

重要なことは、止めてはいけないということ。脚を止めたらそこで終わり。あきらめてしまったら、過去の努力は水の泡になってしまう。

人生を無駄に過ごさないためには、とにかくあきらめないこと。ひょっとしたら理想に届かないこともあるかもしれないが、コツコツと努力したあなたの道のりが無駄になることはない。あきらめない努力の過程で、きっと思いがけない出会いがあり、あなたを満足させることになるだろう。

自分の「使命」は必ず見つかる

ちょっと哲学的な話になってしまうが、「自分はなんのために生まれてきたのだろう」と思ったことはないだろうか？

この世に生まれてきたからには、自分には何かしらやるべき「使命」があるはず。果たして現世において自分の「使命」とはなんなのか……。

しかし、多くの人がその使命に気づくことなく日々を過ごしている。その生活を有益だと思うかどうかは人それぞれだが、若い人ほど自分の使命というものを知りたい欲求に駆られるはずだ。

生涯を通して「自分にはこれしかない！」と、愛してやまないものに出合えればいいのだが、なかなかそうはいかない。やりたいことが見つからず、ただなんとなく釈然としないまま毎日を過ごしている人が多いと思いのではないだろうか。

私は思うのだが、自分の「使命」というのは、いろいろな経験をする中で、少しずつ見えてくるものなのだ。

若いとき、私はキックボクシングと出会い、夢中になった。これが俺の生きる道だ、と確信もした。しかし、厳しい練習を経てチャンピオンになると、達成感は一瞬だけで、さらに高みに行きたいと思うようになった。

その後、二十代後半は自分でイベントを開き、さらに三十歳になり、自ら発案した「シュートボクシング」という競技を広めるため、協会を設立した。興行を打ちながら、私自身も自分の団体のリングに立ち、チャンピオンになったりもした。しかし、いつしかこの競技を世界に広めたい、お客さんにとことん楽しんでもらいたいという気持ちの方が、戦うことよりも勝っていった。

つまり、使命が明確になってきたのである。

強さに憧れチャンピオンを目指し、自分の理想を追って新たな立ち技格闘技を立ち上げ、そしてそれを世界に普及するために命を賭けてやっている――。**格闘技という基本的な軸は変わらないけれど、時とともに自分に与えられた使命や役**

割がだんだん見えてきたのだ。

自分に確固たる基盤があり、日々努力をしていれば、時間はかかるけれども、その時代にあった役割は必ず見つかるはずだ。

面白いのは、苦しい思いをして日々過ごしていると、あるときふっと急上昇するポイントがある。人からの支えがあったり、時代のニーズと合ったり、一見偶然のように思えるけど、考えてみれば自分が汗を流して種をまいた結果が突然花開いたわけだ。そのとき、人は新たな使命をつかさどる。

私は楽天的な性格なので、始めたときから駄目になるなんてまったく思っていなかった。それに今は自分の使命が明確に見えているので、極端な話、会社がなくなってしまってもあまり問題はない。

だって自分が残っていればいいわけだから。無一文だったら、そのへんの公園で、また興行をやればいい。きっと信念のある者のまわりには人が集まってくれるはずである。

失敗をする勇気を持て

臆病であっても大成するといった話をしたが、やはりそれだけでは道は拓けない。ときには失敗を覚悟して、果敢にチャレンジする勇気も必要だ。

その代わり、誰よりも徹底的に準備をすること。納得いくまで自分自身を武装して、あとは何があっても仕方がないと腹をくくる。

無鉄砲とは違う。無鉄砲とはなんの備えもなく、丸腰のまま勝負にいくこと。たとえ失敗を覚悟していたとしても、自分をベストの状態にしておかなければ意味はない。

世の中に絶対はない。仮に失敗を想定していたとしても、わずかな可能性は残されているはずだ。そのときのために一生懸命準備するのである。

また想定通り失敗したとしても、自分を追い込んだ末に挑んだという事実があれば、その後、再び立ち直りやすい。だって下地はあるのだから。

だから「ここまでやったのに駄目だったか……」とは思わないでほしい。

すべては結果を、といった風潮はあるが、懸命にやってきた過程は事実だし嘘はつかない。その後の人生で、違う形で花が開く可能性だってある。もちろん努力をしてこなかった人間が、花を開かせることはない。


経験から言わせてもらえば、信念や志のある人間は失敗してもぐしゃぐしゃに潰れることはない。捨てる神あれば、拾う神あり。一生懸命やっていた姿を見ている人は必ずいる。


すべては過程が大事。だから失敗を恐れず、チャレンジしてほしい。

そもそも成功する保証なんてないのである。絶対に成功するマニュアルが売っているだろうか？　そんなものがあったら永遠のベストセラーになってしまう。

最近はマニュアルに頼り過ぎる人が多くなってきているようだが、マニュアルばかり読んで書いている通りやっていたら、人間性を豊かにする発想力やチャレンジ精神が欠乏してしまう。

私はまだ成功したとは思っていないが、事業を起こしてから三十年後、まさか自分がこんな本を出すとは思ってもみなかった。

若き日の自分にあったのは信念だけ。自分がやりたいと考えていることは絶対に正しい。失敗するかもしれないけど、やってみなければわからない。

新しいことにチャレンジするには、やはり思い込みの強さがないと始まらない。思いの強い人間は、必死になって情報を得ようとするし、勉強もする。寝る時間さえ惜しいとは思わない。

人間にとって「時間」は唯一平等なものだと思うが、一日二十四時間しか与えられていない。この二十四時間をどう使うのかが人間の力と言える。

私が好きな言葉に、「一日一生」というものがある。その日を一生だと思い、全力で生きろ。人間いつ何が起こるかわからない。明日生きている保証はないのだから。

だから私もいまだに、日々、体と命を賭けて生きている。今この瞬間を完全燃焼するためには、失敗を恐れている暇はないのである。

ケジメをつけられない人間は、能力を発揮できない

私が創設したシュートボクシング協会には、いろいろな若者たちが集まってくる。内なる情熱を傾けたい者、ひと旗あげたいと目論む者、血気盛んな交戦的な者。若者たちの目はいつだってギラギラと輝いている。最近は覇気のない若者が増えていると聞くが、少なくとも私のところに来る若者たちは、性格の良し悪しはあるかもしれないが、余りあるエネルギーを発散させたいと思う人間たちばかりだ。

やる気は凄い。覚悟も持っている。何かを始めるにあたって十分な要素だと思うが、私はまだこれだけでは認めない。

ある日のこと、ある青年が私のもとへやって来た。彼は家出同然で来たらしく、ジムに入りたいと直訴してきた。聞くと、親の反対を押し切って上京してき

たそうだ。その話を知ると、私はすぐさま「親を納得させてから出直して来い」と帰らせた。

私の切なる思いとして、彼にはきちんとケジメをつけてから新しいことに挑んで欲しかった。親の反対を押し切っているということは、あらゆる面で中途半端な状況だと言える。情熱ばかりがふくらみ、糸の切れた風船のようにふわふわとした不安定な状態。育ててくれた親の思いをくみとることなく、自分の熱い気持ちだけで突っ走ってしまっている。

こういうときの人間は脆《もろ》いものなのだ。人は、周囲の人間が納得し、協力してくれる環境に身を置いてこそ能力を十分に発揮できる。しかし、何か後ろめたいことやわだかまりを抱えたままだと、思い切って物事に打ち込めない。

私の経験から言えば、中途半端な状態で入門を希望してきた人間は、一度のミスや失敗があっただけで心が折れてしまい、やめてしまうことがある。

しかし、周囲の人をきちんと納得させてから始めた人間は、一度や二度の挫折ではへこたれない。失敗をしたとしても、自分の中できちっと反省をして、また新たに物事へ取り組むことができる。

情熱は確かに最も大切なものではあるが、それを生かすには、ケジメをつけること、つまり自分自身の状態をリセットすることが必要なのである。

事実、故郷の親を納得させてから来いと帰らせた青年は、その後、きちんとケジメをつけてから出直してきた。それが、のちにS－CUP世界チャンピオンのタイトルを獲った緒形健一である。彼は現在、シーザー・インターナショナルの社長としてシュートボクシングの普及活動や後進の指導に当たっている。

そのときは理解できないことが起こったとしても、しっかりと自分の中でケジメをつけること。きちんとリセットをして、新たに向き合うことができれば、自分の能力をしっかりと発揮できる。ケジメこそ、大切なステップなのである。

情報に振り回されるな

年配の方と話していると、よく次のようなことを言われる。

「今の若い人たちはいいよね。情報があちらこちらにあるから、いろいろな選択ができる。私たちの時代は、ひとつの情報を得るのにも大変だったからさ」

確かに一昔前は情報を得るのが難しかった。参考になる主要なメディアは新聞かテレビぐらいで、より深く物事を調べ上げるには自分で足を運び書店で本を探したり、図書館で必要とおぼしき本をピックアップするしかなかった。さらにそれを読みこむための時間もかかった。

年配の方がおっしゃるように、情報を得るには「探す」という過程を踏まねばならず、とにかく時間がかかった。私もシュートボクシング協会を立ち上げるにあたって、普段は読まないような本を買いあさり勉強した。

しかし現在はインターネットが発達・普及していることからもわかるように、必要な情報を得るのに昔ほど苦労はしない。キーワードを打ち込んで、クリックひとつで得たい情報にたどりつける。時間短縮にもなるし、非常に効率的だと言えるだろう。

ただ、果たして昔よりいい時代なのかといえば、私には疑問が残る。

インターネットによって導き出される情報量は無数にあり、中には必要のないものまで検索されてしまう。つまり情報過多により惑わされ、他方に目が向いてしまう。情報に踊らされるという危険性をはらんでいる。例えばAのことを調べたいのに、情報によっては言っていることも違えば、付随した新たな情報に目を奪われてしまい、何が真実なのかわからなくなる。

インターネットによる情報社会には功罪がある。

年配の方は、今の時代は幸せだとおっしゃるかもしれないが、私から言わせれば逆である。むしろ情報によってブレやすく、生きづらい状況になってきてしまっている。選択肢が多くなり、判断力と理解力が乏しくなってしまった。

昔の人は、時間がかかったかもしれないけど、限られた情報しかないからブレることなくひとつのことに集中できた。しかし現在は、情報過多により誘惑が多く、本来進む道を見失いがちだという気がしてならない。

ただ、自分の道を確実に歩むのに最も必要なことは、今も昔も変わらない。確たる信念と、それを遂行《すいこう》する精神力である。

ここさえしっかり押さえていれば、いくら情報が多くともブレることはない。とはいえインターネットが便利だと胡坐《あぐら》をかいていてはいけない。便利で手軽、労力を必要としないのはわかるが、自分がやりたいものにアプローチするのであれば、インターネットだけではなく体を動かして必要とおぼしき場所へ出向いたり、メールだけのやり取りではなく人と会い、目を見て話したりすることを積極的にすべきだ。

別にアナログ人間が正しいと言っているわけではないが、自分で動き、生身のコミュニケーションを取ることが、情報社会でブレない生き方の秘訣だと私は思っている。

リスクに打ち勝つには情熱しかない

新しいことを始めるにはエネルギーが必要だ。そして、どんな場合においてもそこにはリスクが伴う。

ビジネスでの世界では、事業を興すときに、同時にリスクマネージメントについても考察するそうだが、私の場合はまったくそんなことを考えなかった。きっと会社を一代で大きくした人たちは、あまりそういうことに気をとられていなかったように思う。とにかく俺はこれがやりたいんだと言った気持ちだけが体を突き動かした。

つまり、新しいことをやるときには情熱が必要だということである。

別にこれは起業ばかりではない。新しい仕事や趣味、たまたま出会って惚れてしまった女性だっていい。なんとかしたいという情熱さえあれば、リスクはさほど気にならない。

私がシュートボクシングを創始したのは、それまでの格闘技界に嫌気がさしていたからだ。業界の中であらゆる会社が同じ牌を奪い合い争うことで完全に動脈硬化が起こり、頭打ちになっていた。結局、物事の本質よりも既得権益を守る状況になってしまい、息苦しさしか感じなかった。そんな世界に、次世代を担うような若い人間が育つはずがない。

私は自問自答した。自分は何をやりたいのか悶々《もんもん》と考える日々が続いた。

そんなとき、カール・ゴッチさんとの出会いでヒントをもらい閃《ひらめ》くのだが、人間とは面白いもので、ちょっとしたきっかけで、詰まっていたケチャップがあるときドバドバと出るように、数々のアイディアが脳内にほとばしった。同時に、絶対にやってみたいという情熱が体中に広がった。

しかし、それを実行に移したところで、それが果たして当たるのかわからない。はっきり言って資金もない。状況だけ見れば二の足を踏んでもおかしくはないし、慎重な人であればすぐにリスクを考えて見送ったことだろう。

しかし、私はそんなことはこれっぽっちも考えなかった。絶対に面白いと確信していたし、それに伴う情熱があった。

情熱以上のガソリンを私は知らない。

いざ始めてみると、確かに金銭面での苦労や、運営における煩雑さが私を苦しめることになったが、情熱があったからこそ自分がやりたいことに関する勉強をたくさんして、実践してった。

あれから三十年。石橋を叩いてやるようなビジネスを別に否定はしないが、「見る前に飛ぶ」というやり方も大切だと私は確信している。とくに若い人は、それぐらいの覚悟で人生に対し挑んでほしい。

飛んだあと、やばいと思ったらそこで反省し、次に生かせばいいのだ。時間はあるのだから引き返したっていい。しかし、飛んだという事実は、経験値を増やしたことと一緒だから、必ずその後の人生で役に立つはずだ。

好奇心さえ失わなければ人間は成長する

私はもうすぐ還暦を迎えるが、まわりの人間が言うには、どうやら私は「好奇心」が旺盛らしい。

人生を振り返るような年代に差し掛かると、たいていの人は好奇心が薄れていくらしく、新しいものに手を出すよりも、安全・安心だと「知っているもの」を求めるようになるのだという。それが老成だ、と。

バカを言ってはいけない。正直な話、好奇心を失ってしまったら人間の成長はそこで止まってしまう。逆に言えば、好奇心さえ枯渇しなければ、人間は何歳になっても成長できると私は思っている。

興味を持つものはなんでもいい。例えば「食事」もそう。よく私は人から言われることがある。

「食べたことのないものや、誰が食べるんだろうというメニューを、よく注文しますよね」

一緒に行った人間にしてみれば、年をとったら冒険することなく、すでに味を知っている美味しいものを注文するはずだと。しかし私はそれを良しとしない。

理由は簡単。どんな味がするのか興味があるから。自分にとって未知の味がそこにある。ワクワクする。美味しいのか、マズいのか、いくらメニューの写真を見つめていたって一生わからない。だったら食べてみたいと思うのは、私からすれば当然のことだ。

先日、一緒にロシア料理を食べに行った人からもこう言われた。

「シーザーさんは、美味しいのか美味しくないのかわからないのに、どんどん注文してしまうから怖いですよ」

いやいや、今後巡り合うか巡り合わないかわからない味なのであればチャレンジすべし。その味を知ることができれば、のちに正確な情報として語ることができる。よく、ちゃんと知りもしないのに上っ面の情報だけで物事を語る人がいるが、そんなもの信用に足る情報だとは言えない。自ら動き、自ら体験し、そして結論を導き出す。本物の情報とはこういうことである。

シュートボクシングを立ち上げたときもそうだった。ルールなどを一から作り上げるのが大変だからやめておこうという発想はない。もちろん熟考はするが、ピンと来てとりあえず面白そうであればやってみる。

確かに、年をとると、新しいことや見慣れないものに抵抗感を抱く人がいる。冒険をしたがらず、自分の活動範囲で物事を収めたがる。それじゃ世界は広がらない。

私はあらゆる分野で興味が尽きないので、スマートフォンも持っていれば、SNSもやる。年甲斐もなくと言われることなど気にしない。結局、スマホやSNSを使うことで確実に世界は広がった。

とにかく食わず嫌いをしない。好奇心を枯らすことなく、未知のものに対して恐れない。新しいものに出会い、チャレンジすることは、自分の内面を刺激し成長させてくれる。「年をとったら落ち着く」なんて言葉は、私の辞書にはない。

すべてにわたり感謝せよ

私の格闘技のジムでは、着替えて練習場に入るときに「練習よろしくお願いします」と挨拶をさせ、終わったら掃除をして「練習ありがとうございました」と言って終了させている。使用したジムに対し感謝の気持ちを表すため当然の礼儀作法であり、徹底している。

また私は、使用するグローブに関しても同様に、使う前に「お願いします」と言い、使い終わったら「ありがとうございます」と言わせている。加えて、グローブを絶対に床に置かせない。置くのならば机の上などにしろ、と。

一見すると奇妙な光景かもしれない。グローブに挨拶をしたり、過度と思えるほど丁寧に扱う。ジムに入ったばかりの人は戸惑うことが多い。

なぜこのようなことをさせるのかというと、感謝の気持ちを自然に身につけさせたいからなのだ。

考えてもみてほしい。綺麗ではない床に置いたもので、あなたは顔を殴られたいだろうか？

つまり、相手に対する感謝を忘れないこと。床に置いたもので相手を殴っては失礼だ。また、人間だけではなく物や施設に対しても感謝をするという意味合いもある。

何事に対しても感謝すべし。物や施設に感謝するのは、そう表現することでケジメをつけて深く認知させることが目標なのだ。普段からいろいろな物に対し感謝していれば、いかなる状況になっても自然と物事に対し感謝の念が生まれる。

私にとって感謝は、すべてに通じるもっとも大切なものなのだ。

初めは言われるままでいい。しかし、これを長年やらせた緒形健一は次のように言った。

「不思議なもので習慣になってくると、なんでこういうことをやっているのか考えるようになってくるんです。何事に対しても感謝の念を持てると、例えば、すぐそこにゴミがあったら面倒くさがらず拾えるようになったり、結果、**その積み重ねが『妥協しない』『手を抜かない』という考え方につながり自分を成長させてくれる。**最初はわかりませんでしたが、時間をかけることで意味を理解し、自分という人間が形成されていきました」

東北楽天ゴールデンイーグルスの嶋基宏捕手は、普段から玄関に靴が乱雑に散らかっていたら綺麗に並べ、また自分の使う道具や施設に対し感謝しながら接するようになると、試合中の集中力が上がったという。

科学的な関連性を証明するのは難しいのだが、感謝を忘れない普段の生活態度が自分の一番大事な場面に反映されることを実感したという。結果、楽天は二〇一三年に日本一になった。

物があるから、相手がいるから、そして親がいるから、自分は頑張れる。すべてにわたり、かつ細部にわたり感謝することが成功への第一歩になるのだ。

若い人たちへのメッセージ

これからの社会を担う若い人たちに、ぜひ伝えておきたいメッセージが二つある。

ひとつは、**何事においても最後まであきらめるな、**ということだ。人生においては必ず困難が立ちはだかると思うが、自分の信念を貫き通すことを忘れないでほしい。

もうひとつは、**すべてにおいて感謝の心を持て、**ということだ。本文でも繰り返し述べてきたとおり、普段からそれを心掛けていると人間力が磨かれ、人生の節目節目でおおいに役立つことになる。

あなたたち若い世代が、世の中を元気にして、幸せな人生を歩んでくれることを心から祈っている。

おわりに

この本を書くにあたって、たくさんの方々にお世話になりましたが、とりわけ次の方々には多大なるご支援をいただきました。

青山洋一様、石田茂之様、宇野克明様、瓜生有一様、小野敏雄様、角田勝紀様、鎌田勇人様、桑原利光様、後藤悟志様、斉藤剛史様、設楽洋様、鷹合豊一様、谷内雅人様、富田智之様、富山英明様、中西景仁様、中屋文孝様、野呂田秀夫様、福元恒徳様、藤代洋様、吉田隆也様。（五十音順）

この場を借りて深く感謝申し上げます。ありがとうございました。

シーザー武志

著者プロフィール

シーザー武志（しーざー たけし）

1955年８月17日生まれ。山口県出身。17歳からキックボクシングを始め、1972年にプロデビュー。沢村忠の再来と呼ばれ、日本キックボクシング協会ウェルター級のタイトルを獲得。その後、新たな道を模索するようになり、同じくプロレス界を離れた佐山聡や、プロレスの神様・カールゴッチのアドバイスを受け、1985年に自ら考案した立ち技格闘技「シュートボクシング」を創設。1988年には世界ホーク級の初代チャンピオンとなる。プロモーターとしても世界各国を飛び回り、アメリカ、ヨーロッパなどに支部を設け、ワールドシュートボクシング協会の設立に奔走。現在はシュートボクシングの世界大会『S-cup』を定期的に開催している。

シーザー流 ビジネスの闘い方

2015年３月15日　初版第１刷発行

著　者　シーザー武志
発行者　瓜谷 綱延
発行所　株式会社文芸社
〒160-0022　東京都新宿区新宿１－10－１
電話　03-5369-3060（編集）
03-5369-2299（販売）

印刷所　図書印刷株式会社

ISBN978-4-286-15737-5